你可以偶尔"摸鱼",
但不能真的是条"咸鱼"。
所以,
请为自己的"简历"打工。

宁檬 著

图书在版编目（CIP）数据

打工而已，别太上头 / 宁檬著. -- 北京 : 新世界出版社, 2024. 11. -- ISBN 978-7-5104-7976-2

Ⅰ. C913.2-49

中国国家版本馆 CIP 数据核字第 2024XH5104 号

打工而已，别太上头

作　　者：宁　檬
责任编辑：周　帆
责任校对：宣　慧　张杰楠
责任印制：王宝根
出　　版：新世界出版社
网　　址：http://www.nwp.com.cn
社　　址：北京西城区百万庄大街 24 号（100037）
发 行 部：(010)6899 5968（电话）　(010)6899 0635（电话）
总 编 室：(010)6899 5424（电话）　(010)6832 6679（传真）
版 权 部：+8610 6899 6306（电话）　nwpcd@sina.com（电邮）
印　　刷：天津光之彩印刷有限公司
经　　销：新华书店
开　　本：880mm×1230mm　1/32　尺寸：145mm×210mm
字　　数：175 千字　　　　　　　 印张：8
版　　次：2024 年 11 月第 1 版　2024 年 11 月第 1 次印刷
书　　号：ISBN 978-7-5104-7976-2
定　　价：49.00 元

版权所有，侵权必究
凡购本社图书，如有缺页、倒页、脱页等印装错误，可随时退换。
客服电话：(010)6899 8638

如果此刻的你，
真的感到很疲惫，
不妨暂且停下来，
休息一下。
不勉强自己走远，
是因为有更远的路要走。

请把工作压力关在家门外，
因为，
你最该带回家的是快乐，
而不是烦恼。

拎得清，
别人的工作不要随便插手。
不越界，
也是成年人的一种修养。

任何一份工作，
都请只为自己的"简历"打工。
一个人只有保持能随时离开的能力，
才会拥有更多的选择与尊严。

工作永远做不完,
该休息休息,该"偷懒"就"偷懒"
事实上,
真正厉害的人,
往往都懂得忙里偷闲。

不谈目的、不讲方法的努力，
安慰作用更甚于实际意义，
只是无用功而已。

不要用战术上的勤奋，
掩盖战略上的懒惰。
这地儿不行咱就撤！

目 录
CONTENTS

1 >>> 打工而已,别太上头

002　有些职场承诺,当真=天真

007　打工而已,别太上头

012　"鸡汤"少喝,"鸡血"少打

017　拒绝"伪努力"

022　把自己当回事儿,也别太把自己当回事儿

026　别为已发生的事内耗,别为没发生的事焦虑

031　不能控制的事情,就顺其自然

2 >>>
你是来工作的，不是来交朋友的

038　你是来工作的，不是来交朋友的

042　停止无效社交，有些人脉没那么重要

046　可以善解人意，前提是别委屈了自己

050　敢于说"不"，自己的底线要守住

054　聪明的人，都敢于翻脸

059　拥有被讨厌的勇气

064　如果你讨厌的人说你，那你一定是做对了什么

069　搞清角色定位，别和领导走得太近

073　你只管对得起自己，剩下的交给天意

3 >>>
工作的本质是等价交换，不是做慈善

078　成年人的世界，只有筛选，没有教育

083　做好分内的事，收起你过剩的责任心

088　与其指点别人，不如叫醒自己

093　工作的本质是等价交换，不是做慈善

098　不要被"面子"束缚

103　别人的工作不要随便插手

107　追求"多劳多得"，拒绝"多干多错"

112　别高估人性，别看轻自己

116　你是来挣钱的，不是来生气的

121　永远不要想当然

4 >>>
珍爱生命，
远离"焦虑贩子"

128　三十岁实现财务自由？小心被坑

132　工作永远做不完，该休息休息，该"偷懒"就"偷懒"

137　有些事情，完成比完美更重要

141　搞定能搞定的事，不抱怨搞不定的事

147　允许自己犯错，不必太过自责

152　糟糕的只是一阵子，又不是一辈子

157　不勉强自己走远，是因为有更远的路要走

161　把工作压力关在家门外

165　远离负能量爆棚的同事

5 >>>
不要用战术上的勤奋，
掩盖战略上的懒惰

172　不要用战术上的勤奋，掩盖战略上的懒惰

177　为自己的"简历"打工，而不是为老板打工

182　不推脱责任，也别傻乎乎"背锅"

188　偶尔用兼职的心态上班

193　花时间解释，不如花时间证明

198　请告别低段位的奋斗

203　别让自己失去停下来的能力

208　做好随时跳槽的储备

6 >>>
打工只是游戏副本，你的主线任务是好好活着

214　人生是旷野，不是轨道

220　上个班而已，不要内耗自己

224　要努力，但不要急功近利

229　身体是革命的本钱

234　先活着，总归会有办法

1 >>>

打工而已，别太上头

>>>
有些职场承诺，当真=天真

前几天，一个许久未见面的朋友跟我说他要跳槽了，问我有没有合适的岗位推荐给他。我好奇地问道："你不是干得好好的吗？"朋友无奈地说："别提了，被骗了。"

朋友是名校毕业的高才生，曾经是有机会去"大厂"发展的，但是他放弃了，转而选择了一家小型创业公司。原因是老板对他大谈公司的美好未来，并郑重承诺干得好就让他当公司合伙人，给他股权分红，公司就是他俩的。

朋友被老板的诚意打动，对老板的许诺当了真，每天就跟打了鸡血一样，一心扑在工作上。有时为了赶项目，他甚至直接住在公司。两年后，公司也一点点步入正轨，恰巧赶上一波行业风口，业绩蒸蒸日上，所有事情似乎都在往好的方向发展。

去年年底的时候，朋友委婉地向老板提出兑现当初的承诺。没想到老板居然装起了糊涂，别说什么合伙人了，就连公司分红也绝口不提。

职场中，这样的情况其实并不鲜见。有些初创或者业务模式尚未成熟的公司，虽然没有实力开出高薪，但又想留住人才，就会以分红为噱头激励员工。还有一些部门负责人为了完成年度目标，也会以年终奖作为诱饵，鼓励员工加班冲刺。我的小学同学周舟就曾跟我吐槽过这样的事情。

周舟所在的公司，销售部业绩一直都不是很理想，订单数量和客户数量始终达不到预期目标。于是销售部负责人为了鼓舞士气，就说今年谁能签下500万的订单，就去向老板申请5万元的奖金。有了激励措施后，整个部门的士气好像都不太一样了，很多员工开始去积极拓展客户，有的还跑去外地出差，不断地挖掘新客户，想尽办法获取订单。

周舟也不甘示弱，找尽关系，拼尽全力，终于完成了这一目标。结果等到年底发工资的时候，却只收到了5000元的奖金。周舟一开始还以为是财务搞错了，便找部门负责人反映，谁知负责人却说他并没有做出过完成目标就一定发5万元奖金的承诺，他去向老板申请了，老板只批了5000元，他也没办法。

看到部门负责人如此出尔反尔，周舟虽然生气，但一时也无可奈何，因为当初部门负责人提出这个口头奖励时，并未得到老板的首肯，公司也未发出正式文件。现在公司不肯兑现，负责人拒不承认，自己也没有任何证据，只能不了了之。

年底奖金的诱惑是挺大的，但是能否兑现，取决于公司当年的整体效益，跟直属领导的口头承诺关系不大，除非落实到正式文件或奖惩制度上。

职场中，有些领导喜欢给予各种口头承诺，俗称"画大饼"，升职、加薪、出国进修……等到事情干完了，那些承诺要么绝口不提，要么就是各种拖延，以至于到最后不了了之。

刚开始工作那会儿，我也曾因为领导口中的美好未来而激情澎湃，无限畅想。为了领导那一句"好好干，年底给你加薪"拼命工作大半年，结果最后只得到一句"公司今年整体效益不太好，再等等吧"。

这时我才明白，有些人随口说出来的承诺，不过是一个烟幕弹而已。

你当真了，就太天真了。

那么，该如何判断老板给你的，到底是真挚的承诺，还是好看不好吃的"大饼"呢？

1.看是短期还是长期

如果是短期的承诺，比如三五天快速执行就能立马兑现的，很快即可验证真假，这种承诺往往是实打实的利益，我们不妨抓住机遇，冲刺一下。

如果是长期的承诺，比如说"加油好好干，年底给你涨工资"，或者"加把劲，明年就升你当主管"之类的，就需要好好掂量掂量，让领导给出具体的工作任务指标和对应的奖惩机制。

2.看是具体还是笼统

如果是具体的，落实到细节和实处的，还可以期待一二。

如果承诺过于笼统、模糊，比如"好好跟我干，以后少不了你的好处"等，你不知道具体是啥好处，什么时候给，怎么给，即使机会真的来了，多半也会被当下的场景条件权衡掉。模糊不具体的承诺很可能只是领导的缓兵之计，不仅夜长梦多，而且"饼"味十足。

3.看是临时设想还是有备而来

当你提出升职加薪时，领导为了稳住你而给出承诺；当你提出离职时，领导为了挽留你而给出承诺。这些承诺如果是临时给出的，那说明领导平时就没把你放在心上，这种承诺很可能会因为考虑不够周全，而有事后被调整甚至反悔的风险。

如果当你向领导提出一些诉求的时候，领导能够从你的经历背景到个人能力的提升给予肯定，还对你有可实现的、具体的晋升路径的分析和规划，并给予你实质性的承诺，那才是靠谱的。那说明领导重视你，也关注你的成长，甚至已经把你的晋升、涨薪等事提上了日程。

有备而来的承诺往往是经过深思熟虑的，它兼顾了公司的管理，平衡了承诺与他人的矛盾，因而也更容易被兑现。

>>>
打工而已，别太上头

有一次，一个刚毕业参加工作不久的年轻人跟我吐槽："别人的二十五岁多姿多彩，我的二十五岁开会开到天黑！"我笑着打趣道："那也总比我干活干到天黑好吧？"原本只是一句调侃，说完之后突然觉得有些心酸。

打工人的江湖，流传着这样一些话：

"打工人，打工魂！"

"今天搬砖不狠，明天地位不稳。"

"今天工作不努力，明天努力找工作！"

"没有困难的工作，只有勇敢的打工人！"

上头吗？非常上头！所谓上头，有一种解释指对某件事感到非常兴奋，以至于晕头转向，沉溺其中，欲罢不能。

记得我刚入职场那会儿，就非常上头。

大四实习期，我找到了一份还算不错的工作，便想认真做好领导交办的一切事情，一是为了能转正，二也是想多攒点工作经验。于是，为了工作，我几乎和朋友们断绝了一切来往，拒绝了所有应酬，因为我每天基本都在加班，哪怕不加班也会随时待命。朋友们大老远过来找我玩，我也没有任何心思带他们好好逛逛。

因为工作，我甚至没空去写毕业论文，做毕业设计。但我宁可周末通宵熬夜赶论文，也不愿意请一天假，因为我生怕错过任何工作上的机会。

好好工作明明是为了能够更好地生活，可我似乎从一开始就弄反了。

这么多年过去了，虽然我已经不会像实习期时那么拼命，但好像也并没有好多少。只要领导一有什么紧急安排，我还是会马上绷紧那根弦，牺牲掉自己的休息时间也要去努力完成。平常即使是因为生病请假，也会莫名觉得心虚，人不在工位，心却总会不由自主地惦记着工作。

我很爱这份工作吗？当然是有热情的。但如果我失去这份工作，就没有能力找到下一份工作了吗？好像也没有。

我之所以如此上头，似乎仅仅是因为我极度渴望在工作中获得成就感，以及来自领导和同事的肯定。

但是，别人的评价真的比自己健康舒心更重要吗？

现在，我会经常对自己说：打工而已，别太上头。职场是一个更看重效率和利益，甚至只讲效率和利益的地方，只要你有能力为公司带来更多的利益，就可以提出一些能让自己生活得更舒心的条件，比如加薪、调休。

欣蕊在一家公司工作3年多了，一直承担着很多本职工作以外的事，大家对她的评价还不错，但她却并无很明显的特长和很亮眼的成绩。时间久了，她觉得自己虽然干得越来越多，工资却没有更高，甚至比一些后来入职的新人还要低一些。她觉得有些不公平，便去找领导要求加薪。

结果领导却说："你这个岗位的薪资就是这样的，调整不了。现在市场环境不好，工作不好找，但求职的人有大把，我要是重新招人还给不到这个薪资呢。"

欣蕊大感失望，觉得自己在公司勤勤恳恳这几年，没有功劳也有苦劳，现在领导居然宁愿重新招人，也不愿意给她涨哪怕几百块钱的工资，未免太过寒心了。于是，欣蕊一上头，愤然提出离职。

欣蕊提出离职申请后，领导不仅没有挽留她，还马上发布了招聘通知。

其实，对于普通打工人而言，工作与其说是事业，不如说是一个现阶段谋生的手段。无论你觉得自己的工作有多重要，也不过是公司里一颗再普通不过的螺丝钉。若不能明确自己的定位，很容易做出一些过于上头的行为举动，不仅不会给自己谋取更多的福利，还可能会弄巧成拙。

如果你想在职场上有更多的话语权和主动权，想证明自己的重要性，那么首先你要让自己变得强大起来。在还没有谈判资格之前，请你记住这三点：

1.只谈价值和薪资

打工的本质，是用劳动技能和时间换取相应的报酬。对于刚刚进入职场的小白来说，应该跟老板谈的是价值和薪资。

打工就是拿钱办事，把事儿办好了。对于你不可把控的事情，尽力即可，不用过分透支自己的健康或精力。

你要做的，是提升自己的工作技能和工作效率，对于不合理的工作安排要敢于拒绝。过分上头，只会让自己憋出一身内伤，并不会凭空出现什么好的机会和理想的结果。

2.明确自己要做的

作为打工人，一定要明确自己要做什么。自己在哪个岗位，就去了解清楚这个岗位的职责和要求，对于不涉及的工作范围，就不用过于热心，比如一个技术人员非要去帮会计核算单据，着实没必要。

人的精力是有限的，要把时间和精力放在努力精进自己的业务上，而不要浪费在过剩的责任心上，非要去插手别人的工作。

做好自己工作范围内的事情就行，太强的责任心会模糊原本清晰的工作界限，甚至还有可能会让自己越干越多，越干越错，最后落得一个吃力不讨好的下场。

3.避免被他人左右

工作中，无需过度沉溺于职场的人际关系，也没必要过度揣摩他人的情绪和态度，不要被他人左右你的工作节奏。在与同事交流时，确保信息传递清晰明确即可。在职场交往中，保持尊严，坚守底线，树立个人边界，难以融入的圈子不必硬挤。

>>>
"鸡汤"少喝，"鸡血"少打

刚下班就收到昭昭发过来一个"心累"的表情包，吐槽她的工作多忙多累多不讨好，她觉得自己不管怎么努力，也没办法完成公司规定的业绩。她想辞职，让我帮她留意一下好的工作机会。

昭昭是我认识多年的朋友，自从换了新工作，每天不是在加班，就是在随时去加班的路上，这些天我总能收到她对工作的吐槽。

昭昭的工作是电商行业，业绩压力很大。她几乎每天都在想尽办法维系客户，做好会员积分、派发优惠券、精修图片、做店铺排名等工作，以期吸引更多顾客下单、复购。客流量差的时候，为了冲业绩，她甚至需要找亲朋好友来充当客户，欠下不少人情。

刚开始昭昭还充满干劲,为了营业额不断努力冲刺。她似乎也很享受这种打了"鸡血"的状态,觉得未来可期。

然而时间长了,兴奋期过了,由于长时间得不到正向反馈,昭昭只觉得疲惫不堪,继而打起了退堂鼓。

其实,在工作中处于打"鸡血"的状态往往是很难持久的,打"鸡血"的时间越长,到了疲惫时,越容易偃旗息鼓,原地踏步。

我身边也有很多日常打"鸡血"的人,他们参加各种课程培训班,高调宣布不瘦20斤绝不换头像,每天读一本书,晒出各种花式打卡行动……看着就让人热血沸腾。在朋友圈盛行"诗和远方"的时候,他们恨不得告诉全世界,他们早早就在为去西藏、去拉萨、去丽江做准备了。然而最后的最后,报了课的只去上了一两次,要减肥的人也没瘦,说准备去西藏的也没去成。

我也有过这样的经历,像打了"鸡血"一样去做某件事,像热血的战士一样去面对生活,高呼着"生命不息,奋斗不止",觉得这样才算是为了梦想而努力。然而,几乎无一例外,只有打"鸡血"的态度而没有清晰持久的计划和行动,最终都以失败告终。

为什么明明每次都很认真地下定决心,每次开始都很有动力,最后却一事无成?

为什么投入了那么多努力，还是得不到认可？

没有结果的努力，到底还要不要坚持？

使出浑身解数，效果依然不理想，是不是自己真的不行？

在一次次的失败以后，我才慢慢意识到，每次盲目开始，或许正是错误的开始，是对自己的不负责任——抱着迷之自信草率开始，没有做好心理准备，一切从一开始就为失败的结果埋下了隐患。

事实上，一万个盲目开始，也不如一次平淡而有计划的坚持。

有一个著名的"滚雪球"效应，说人生就像滚雪球，最重要的是发现很厚的雪和很长的坡。这其实就是一个量变引起质变的过程，度过漫长的沉寂期，才能走到复利曲线的拐点，迎来真正的爆发期。而这一切，不是打一两天"鸡血"就能实现的，它需要的是朝着既定的目标持续的积累和输出。

人生需要的从来不是三分钟热度的"鸡血"，也不是在所谓"鸡汤"的滋养下假装努力，而是要有坚定的目标，加上持之以恒的行动。

1.不轻易开始，也不轻易结束

戒掉向全世界宣布"我要开始"的仪式感，默默去做，一点一点去行动。就像《悟空传》里说的那样："我来过，我爱过，我战斗过，我不后悔。"

参与和投入是改变的唯一途径，持续输出是精进的最大技巧。不能因为没有即时反馈就中途放弃，熬过一段沉默期，才会看到持续行动带给我们的变化。

2.心态要调整，但"鸡汤"要少喝

"鸡汤"中通常会把问题概括为某个单一的因素，并且绝大多数"鸡汤"都在强调态度问题，并不会对行动做出切实可行的指导。

比如职场中的晋升问题，绝不是简单的调适好心态就能解决的，它还包括一个人是否能够有效地提供成果输出，是否具备相关领域的技能深度，是否有合适的机会等综合复杂的因素。

对于职场人来说，如果长期深信"鸡汤"，很容易导致自己错误的职业行为方式，最终错失良机。职场中的成长发展，离不开多努力，多做事，但成功并不是单一的维度能支撑的。

3.多点方法论，少点一时冲动

一时冲动是一种过剩的情绪，很容易让人丧失理智，从而无法客观地看待事物。当我们浑身打满"鸡血"的时候，最大的感受就是斗志满满，认为自己只要努力就能人定胜天，从而忽视了实现长远目标最重要的战略和方法论。

少打点"鸡血",用平和的心态,分析目标的可行性,通过对外部因素和内部能力的对比,思考实现目标所需要的科学方法。

虽然很多时候我们确实需要给自己打打气,便于继续前进。但是如果过于依赖打"鸡血",让自己保持一种异常兴奋的状态,最终还是会倒在前进的路上。

>>>
拒绝"伪努力"

职场中总有些人，整天忙忙碌碌，看着特别努力，特别辛苦，但似乎总是差了点运气，拿不出业绩，通不过考核。事实上，这种努力不过是表象，是做给别人看的，甚至是做给自己看的。

某个咨询服务公司的业务部门有一个大姐，四十几岁了，大家都喊她欣姐。

欣姐为人热情，人缘很好，工作上看起来也很勤奋，但是她每个月的业绩却总排在倒数的位置。领导觉得她也不容易，又是多年的老员工了，一直勉强留着。

一次，公司派她和另外三个人为一组，一起出去做上游公司新产品的调查问卷，到了负责的区域后，大家一般都会兵分四路，每人各选一路去找目标用户填调查问卷，填完后再回来集合。

其他三个人结束回来，发现欣姐竟早早地等在集合地，还在精心修改着群里的工作汇报，发了跟客户认真聊工作的视频。

同事们看着她的工作汇报，原以为她应该是收获最大的那个。然而回到公司才发现，给她的调查问卷一张都没填，被她原封不动地拿回去了。

欣姐解释说，自己去见了两三个客户，但只有一个客户愿意听她介绍，剩下的磨了很长时间，最终还是被拒绝了。然后她随意找了几个客户的联系电话，挨个打了过去，但也没啥收获。就这样，时间很快就过去了，等到要回去的时候才发现调查问卷一点没动。

无效勤奋，其实是会上瘾的。因为你总会习惯于被自己的勤奋而感动，而且当你习惯了把自己的努力秀给别人看时，往往就没时间去真正努力了。

每次欣姐看着别人升职加薪，满眼羡慕的时候，都会在一边暗暗发誓要更加努力。可她自己也没搞明白的是，别人的努力是真的在努力完成业绩，她的努力却毫无章法，总是该做的事情没做好，不需要她操心的事情又花费了很大工夫。

像欣姐这样无效勤奋或者假装勤奋的"伪努力"，职场中其实并不

少见。这样的人总是热衷于在自己的朋友圈里直播自己上班的情况:

晚上10点才打卡下班,为了突出自己加班辛苦,发个朋友圈广而告之一下;

节假日,别人都出去吃吃喝喝了,为了显示自己还在努力工作,发个朋友圈纪念一下;

早上第一个到公司,门还没开,觉得自己也太勤奋了吧,发给朋友圈秀一下……

他们看着自己发的朋友圈动态,简直都要被自己的工作热情感动哭了。但是,他们绝口不提自己最终的工作成果到底怎样。

不问结果式的工作呈现,本质上就是一场自我感动。

在职场上,只讲结果讲效率,"没有功劳也有苦劳"这种说法是不成立的。弱肉强食,适者生存的成人法则,虽然残忍,却是每个人都无法逃避的现实。

在电影《穿普拉达的女王》中,女主没有把工作做好,被女魔头无情训哭后跑到别人那里诉苦,不料却被反将一军:"如果你觉得累,就辞职好了。你根本没在努力,你只是在抱怨而已。你希望我对你说什么呢?说你真可怜,又被欺负了?她也只是在做她的工作而已,难道你指望她会亲吻你的额头,然后给你的作业本上贴朵小红花吗?醒醒吧,亲爱的。"

请不要让自己只是看起来很努力，因为结果不会陪你演戏。

天道酬勤，命运其实很公平，你有没有认真对待一件事，它会很诚实地给出答案。

当你意识到自己其实是在无效努力的时候，不妨试着慢慢调整一下自己的工作方式。

1.制订短期计划

有些时候，想得太长远，计划得太多，反而丧失了行动力。尝试着制订短期计划，或者把计划分段进行，分解目标，反而能一步步实现预期。

2.先行动起来

想到一件事情，有50%的把握就可以尝试着行动起来。先做起来，遇到问题了再想办法解决，很多事情，其实做着做着就理顺了，很多问题做着做着就会找到解决办法。

3.杜绝形式主义

更加注重实质性的过程，而不是一些不必要的形式。不要把太多时间和精力浪费在营造仪式感上面，因为做完烦琐的这一切，很可能做事的热情已经被消耗光了。

4.认真复盘

专注于自己的目标，全身心投入其中，思考复盘，分析对错，根据结果反馈，及时调整方向。

5.放弃比较

有的人三分钟泡面，有的人三小时煲汤，每个人的花期不同，不要内耗，不用比较，努力按照自己的节奏来，摆脱"伪努力"的陷阱，坚持下去才是王道。

真正的努力，绝不是简单地堆砌时间，而是有目的、有方法地投入，而后去追求高质量的输出和结果。

>>> 把自己当回事儿，也别太把自己当回事儿

有一天刚上班，之前有过合作的网络公司的人事就对我说，要我帮他们再招一个网络技术员。我有点纳闷，他们公司网络部半年前不是刚招过一个技术员吗？据说还特别敬业，能力也不错，怎么又缺人手了？

对方解释道，正是因为这个技术员太敬业了，以至于身体过分透支，他还不舍得从公司休假，结果前两天病倒住院了。但是工作岗位上又不能缺人，于是公司便决定再招一个人。

我唏嘘不已，很多时候，我们觉得自己在公司很重要，似乎公司离了自己就无法运转，但这不过是一种自我安慰。对于一个公司来说，大多数人都没有那么重要，公司离了谁都照样运转。

别太把自己当回事儿,我们才会活在当下,才会去思考到底什么对我们来说是最重要的。

这让我想起了朋友李雷的故事。

研究生毕业后,怀揣着成就一番事业的雄心壮志和对未来的无限期待,李雷成功进入一家大型跨国公司,成了一名收入不菲的白领。

公司的竞争异常激烈,李雷性格张扬,处处要强,不仅会毫不客气地驳斥别人的意见,连分外之事也抢着干,丝毫不顾别人是否尴尬。李雷的想法很简单,就是尽一切可能表现自己,从而得到领导的赏识和重用,但他一直没明白在工作中除了实力还有非常重要的一点——合作共赢。

一次,因为李雷和一位同事在沟通和配合上出现了问题,最终导致一个项目被搞砸了。为此,李雷受到了领导的严厉批评。李雷气不过,当即去找同事理论,问他为什么要和自己过不去。

同事本想解释说自己也没想到会这样,但看到李雷一副兴师问罪的样子,便没好气地说:"你不是一直都觉得自己比别人强吗?还需要我帮忙吗?你自己完成好了,那样功劳都是你的。"

李雷委屈极了,觉得整个公司都充满了虚伪、猜忌和尔虞我诈,身边的同事都因为激烈的竞争变得扭曲,甚至变态。如果自己再待下去,要么被压制得永无出头之日,要么被迫同流合污,而这两种结果都是他所不能容忍的。于是，李雷为了保持完整的自我，直接辞职了。

很快，他找到了一份新工作，在新公司，他一如既往地勤奋工作，利用一切机会表现自己。结果令他气愤和不解的是，在同事和领导那里，他竟然遭遇了和原公司一样的待遇。他觉得很受伤，他只是想上进，想实现自己干一番事业的梦想而已，为何在哪里都会遇到那些心胸狭隘、钩心斗角的同事！

人的一生，既是与自己相处的过程，也是与别人互动的过程。如何自处，以及如何与他人友好相处，是一门必修课。我们要看清楚自己，也要看清楚别人，还要看清楚自己和别人之间的关系，既要把自己当回事儿，也别太把自己当回事儿。

一个人如果不把自己当回事，也难免变得自卑怯懦，不仅没什么存在感，还容易形成讨好型人格，不仅缺乏价值感，还会活得十分憋屈。

而一个人如果太把自己当回事儿，就会活得太过自我，孤芳自赏，这样的人很容易自视甚高，没有边界感，也不会与人友好合作，不仅得不到别人的尊重，还会惹人厌烦。

生活中很多人都习惯以自我为中心，这在心理学上被称为"聚光灯效应"。但事实上，旁人并没有我们想象中那么关注自己。

刚毕业那会儿，有次我起晚了，眼看就要迟到了。我在跑向公司的路上忍不住批评自己，不断懊悔，不断反思，害怕看到同事们异样的眼光。然而进了办公室以后，我才发现，根本没人在乎我是否来晚了一点儿，大家都在忙自己的事情。那时候我才明白，过于在乎自己，太把自己当回事，反而会给自己增加很大的心理负担。

有时候学会"厚脸皮"一些，会更容易放松下来，不会在每次出现一点儿小错的时候就战战兢兢，如履薄冰。我们可以轻轻告诉自己，没关系，下次做好就可以了，天塌不下来，每个人都会犯错。

别太把自己当回事，也别总认为自己不行。

要么加倍努力，要么早点放弃。

知人者智，自知者明，看清自己，才是一切成长的开始。

>>> 别为已发生的事内耗，别为没发生的事焦虑

第一次翻到《五十岁，我辞职了》这本书时，看着封面上衣着朴素，顶着一个爆炸头，悠闲地骑着自行车，笑得有些得意的女人，我有点被吸引到。

生活在经济高速发展时代的稻垣惠美子，像大多数日本人一样，从未怀疑过"好学校""好工作""好生活"的重要性。1965年出生于日本爱知县的稻垣惠美子，毕业于一桥大学社会学专业，一毕业便进入了日本著名的朝日新闻社。

工作期间，惠美子先后担任了多个部门的社论委员和编辑委员，拥有稳定的收入、体面的工作，退休后还可以拿到丰厚的退休金。

然而四十岁的时候，她突然发现自己的人生似乎开始走下坡路

了。她觉得自己有能力，有资历，还一直被公司培养照顾着，但是始终都没法获得晋升。眼看着曾经教导过的后辈成了自己的上司，曾经比自己资历还浅的同事如今也可以批评起自己的策划方案，她觉得难堪极了。

工作上的"下坡路"让惠美子产生了危机感，如果说她的人生必将迎来"淘汰"和"退休"的转折点，那么她能在转折点到来之前做点什么呢？她很苦恼。

惠美子在被公司"流放"到香川县时，她无计可施，只能服从安排。然而，就在这时，她却突然找到了应对"转折点"的方法。一碗小小的乌冬面，似乎让她重新认识了快乐和金钱的关系，那就是快乐其实并不需要花什么钱。

原来，在香川县流行着这样一句话："没有什么问题是一碗乌冬面解决不了的，如果不行，那就来两碗。"香川县的乌冬面出了名地便宜，一碗乌冬面只要六块钱，就算是加上三种天妇罗的超级豪华版，也很难超过三十块钱。

物美价廉的乌冬面成了香川的一大特色，当地人不过度逐利，始终坚守本分，安静淡然的气质，深深打动了惠美子。也就在这时，她终于做出了"五十岁的时候就辞职"的决定。

她要辞职，不是因为公司的待遇不公，而是想在自己还有一定精力的时候，去尝试一些新的事情。而在正式离职前，她也会竭尽全力干好自己的本职工作，不为那些还没发生的事而焦虑，只做自己能搞定的事情。

有了这样的心态后，她的人生开始重启。

我们未必有惠美子这样不到退休年龄就离职的打算，也未必有放弃高额薪资提前退休的勇气。但是只要不为已发生的事内耗，也不为没发生的事焦虑，我们总能找到应对自身"转折点"的方法。

还未发生的事情，往往是基于一些假设或推测，而这些假设和推测并不一定准确合理。很多事情可能根本不会发生，或者发生的概率极低，有些事情就算发生了也不会有想象中那么糟糕，因为完全有办法解决。

而假如事情已经发生了，再怎么内耗也于事无补。而且那些事情很可能并没有你想象中那么重要，或者完全可以有其他方式进行补偿。

这个世界最亏本的事情，就是为了尚未发生的事情而担忧，为了自己想象的后果而焦虑，为了已经发生的事情而陷入无限循环和自我内耗中。

如果总是在不经意间陷入内耗，不妨尝试这样的方法。

1.深呼吸，默念"我不紧张"

习惯于内耗的人，往往很容易紧张。无论是社交关系的经营上，还是自我情绪的管理上，都很容易产生内耗。当一个人一边害怕冲突，一边又觉得委屈的时候，深呼吸是有效果的。"没关系的，我不紧张""我可以的，我也不差"等积极的心理暗示，能让人的情绪快速稳定下来。

2.记录情绪的变化

当你焦虑时，记下那个时刻；当你恐惧时，记下那个瞬间；当你生气愤怒时，记住那次经历……记录一方面可以发泄并转移糟糕的情绪，另一方面也是一种自省，方便日后更好地了解自己的心路历程，并让自己学会在日后遇到同样问题的时候，可以更从容更理智一些。

3.提高情绪忍耐力

第一步，拿出一张纸，写下你想提高忍耐力的情绪名字，比如焦虑、痛苦等，并用1~10分来给它当时的强度打分。

第二步，设置一个5分钟的计时器，并将注意力集中到正在做或者需要做的事情上去。一旦你感觉到自己正被拉着去思考或者去做跟这种情绪有关的事情时，提醒自己耐心等待5分钟。

第三步，5分钟过后，重新给这种情绪当时的强烈程度打分。

重复第二步和第三步。

重复几次以后，你就会发现，你的情绪强度就会发生一些变化。重复足够次数以后，你对这种情绪的忍耐力就会有所提升，如此能帮你更好地减少精神内耗。

焦虑并不能避免不好事情的发生,内耗也不能解决已经发生的问题。有时间焦虑,不如把时间放在更有意义的事情上,享受当下。

>>>
不能控制的事情，就顺其自然

一到公司，同事艾比就满脸惋惜地对我说："设计部新招来的那个长相帅气的男孩，已经离职了。"我有些惊讶，不过想想也在情理之中。

小帅是刚毕业的高才生，资质不错，为人意气风发，对未来也十分憧憬，但因为没经验，试用期的工资比较低。考虑到他对职场环境比较陌生，领导特意让人事部经验丰富的老丁对他进行了心理疏导，还让设计部组长重点带他，希望能帮助他更快地进入工作状态。

不过，这样的"优待"似乎并没有起到太大的作用。小帅的表现一直平平，最主要的是态度有些问题。据说，只要组长不在，他就显得无所事事，不是对着电脑发呆，就是无聊地玩着手机。下班也是一分钟都不多留，跑得比兔子还快，加班那更是想也别想了。

这让我想起了自己刚到这家公司那会儿，差点儿也因为收入与预期不成比例就打起了退堂鼓。当时试用期只有固定工资，没有提成、奖金等各种福利。工资少，活却不少，除了要做人力资源部的工作，还要帮忙做行政类的工作，几乎没有一天不用加班的，好几次甚至加班到了晚上10点，看着迟迟没来的公交车，差点哭出来……

跟我一起入职的同事，陆陆续续都走了。我当时想的是，怎么也得坚持一个月，不然工资都不好意思要。既然改变不了现状，就顺其自然吧，大不了一个月后走人！

当我给自己设定了一个坚持的期限后，工作虽然还是那么多，但心情感觉轻松了不少。从开始不太爱说话，遇到问题总喜欢捂着，到主动向领导表达不解和困惑，主动反馈所遇到的问题。结果没想到的是，在我咬牙坚持了两个多月后居然提前转正了。

初入职场，手握的筹码太少，不能控制的事又太多。与其纠结于现状的不理想，不如顺其自然，往下走走看。

有人说，所谓的顺其自然其实就是无能为力。但我觉得，顺其自然并不是消极怠工，而是仅凭手中的一点点筹码，尽力争取。至少不要在还年轻,还有试错机会的时候,就对工作浅尝辄止。坚持下去,试一试,才能不留遗憾。

兴之所至,心之所安;尽其在我,顺其自然。

这两天有事请假了,一回到办公室,艾比就急不可耐地告诉我:"老丁走了!"我一脸的不可置信:"真的假的?可是为什么呀?"

老丁是人力资源部的老员工了,能力强,人也特别和善,大家都很喜欢他。新进公司的员工大都受到过他的照顾,我对他的印象也特别好。

艾比喝了一口咖啡,慢悠悠地说道:"还不是因为前几天设计部刚离职的那个小帅。"见我一脸八卦的模样,不等我追问,艾比便继续解释道:"小帅是老丁亲自招来的,而且老丁特别看好他,小帅因为工资低离职了,老丁觉得试用期留不住人才确实存在问题,就去找老板聊了聊自己的想法。"

我忍不住打断道:"就因为老板没同意给一个新人加薪?"

艾比笑了笑,继续绘声绘色地讲解道:"哪那么简单,这事只是一个引子。老丁一直挺重视人才培训的投入,主张重金挖人才。但是老板更看重业绩,觉得专门培训都是花架子,不实用,还不如跟项目组走一圈来得快。而且公司的薪酬体系看似对基层有些不公,但也是出于激励机制的考虑，要知道公司的上升渠道一直很通畅嘛。至于能不能留住人，老板开会的时候不是经常强调嘛，能在公司现有条件下坚持下来的，才是公司真正需要的人才。"

我有些懂了："就是说，老丁一直都跟老板在工作思路上存在分歧。"

艾比点点头，说："其实还不止这些，你知道的，人事主管的职位空好久了，老丁一直想晋升，但是老板觉得他的能力还缺点火候，迟迟没答应。老丁估计一直都有怨言，这次借着小帅的事，借题发挥了一下。他可能有点用力过猛，气得老板直接把老丁调去了行政部，想让他好好反省一下。结果，老丁在行政部自觉没脸见人，没待几天就走了。"

我不禁一阵唏嘘，身为职场打工人，不能控制的事情实在太多了，遭遇职场"瓶颈"，有时候真的急不得。

在职场的舞台上，升职、降职都是一件挺平常的事情。如果你的条件满足公司岗位的需要，机会来了，你自然就上台了。上台后如果你表演得足够好，就可以在台上留得久一点儿；如果不小心唱走了音，演走了样，就是老板不叫你下台，观众也会把你轰下台。

升职自然是高兴，降职难免会神伤。但对于这些不能由自己控制的事情,顺其自然就好,心平气和地去做该做的事情,任何努力,最终都会有答案。

面对抉择,深思熟虑做出决定后,就只管耕耘,让一切顺其自然,静待花开。

2 >>>

你是来工作的，不是来交朋友的

>>>
你是来工作的，不是来交朋友的

下了班，刚回到家，同住的室友文月就开始跟我控诉她的同事邱雅。

邱雅是文月特别聊得来的一个同事。邱雅刚入职的时候，就是文月负责带她适应新公司环境的。文月觉得邱雅跟她的名字一样温文尔雅，相处起来也比较舒服，便慢慢与她成了无话不谈的朋友。在工作上，文月经常帮助她，还主动拉她融入办公室的社交圈，甚至买了什么好吃的，都会分一半给她。

然而，就在今天，文月维护了一个月的客户，硬是被邱雅截和了。文月发现后，气得大哭了一场。

我安慰文月道："好啦好啦，这样的朋友你何必跟她生气，失去你这么好的朋友,是她的损失,该她哭才是。"

进入职场,我们想与同事搞好关系再正常不过。早上帮忙带个咖啡,中午一起吃个饭,下午组团定个奶茶,互相之间请请客,周末组个局,朝夕相处下来变成关系比较好的朋友,也是合情合理的事情。但是,职场毕竟是挣钱的地方,大家的初衷都是来工作的,对于职场友谊,不能期待太高。

同事之间,尤其是同一个部门或同一个岗位的同事之间,不仅是合作关系,更是竞争关系。在同一个职场环境下,面临同样的机会和资源,如升职、加薪、福利、进修等,人与人之间的关系很可能会因此而变得微妙、紧张,甚至敌对。一旦出现这种情况,在职场中结交到的一些朋友,很可能就会变成"竞争对手",原本的友谊也会因为利益冲突而被瓦解。

我曾在论坛上看到有人问:"职场上有真正的朋友吗?"点赞最高的一个答案是:"没有,除非你们不在一个部门,或者有一方已经离职。"

这个答案其实我也并不认同,因为我也曾经在职场中结交过真正的朋友。就比如,我跟同事艾比,因为在"吃"上志同道合,因而一见面便觉得很投缘。我们还会在周末或者节假日一起去看演唱会,一起参加音乐节，一起旅行……我们的性格天差地别，相处的过程中也常有意见冲突的地方，但是我们处理问题的心态都比较成熟，等情绪消化以后，我俩总能相视一笑，然后手拉手去吃一顿火锅。

事实上，一段积极的、健康的职场友谊不仅可以让生活更舒心，也能提高工作效率，还能成为升职加薪的重要助力。不过，对于大多数刚入职场的同学来说，如果你还没有能力辨别一个人是否可以真诚相待时，切记与同事交浅言深。

职场是工作的地方，只要你认真工作，对业务能力精益求精，做到在自己的岗位无可替代，面对更好的机会，你就有赢的希望。这与你平时在职场能结交多少个朋友无关。

海莉是我之前的一个朋友，人很优秀，在我的推介下，很顺利地进入了一家大型企业。由于是新人，按照公司规定，新人第一年会在不同的岗位之间轮职。结果，海莉每次轮换到一个新岗位，就会针对该岗位中的一些问题提交自己的工作报告。为此同事们大都对她的印象非常不好，要么觉得她"太多事"，要么觉得她"爱出风头"，还有的觉得她"情商低，不知道给部门主管留面子"。

然而，海莉并不是单纯地在"挑刺"，她在指出问题的时候，也会给出详细的分析、建议和改进措施。有次轮到销售岗，海莉更是以业绩第一的实力，让所有对她颇有微词的同事闭了嘴。当别人劝她收敛锋芒时，海莉会说："我是来工作的，不是来交朋友的，我更关心有没有把工作做好。"

职场友情固然重要，但绝不能因此就互相包庇，彼此放水。相互打掩护的友谊，看似融洽，实则后患无穷。它会导致整个团队在市场竞争中不敌对手，甚至集体阵亡。

在电视剧《我的前半生》中，贺涵对罗子君说："记住，你是来工作赚钱的，不是来交朋友的。如果能交到朋友，那是惊喜；交不到，那才是正常。"

在职场中，唯一能让所有人认可的，只有你的实力。与其在人际关系中内耗自己，不如把精力放在工作本身，抓住每一次机会给自己充电。

>>>
停止无效社交，有些人脉没那么重要

新来的同事刚来没几天，就向我这个略有些职场经验的前辈请教，她问我："姐，你说是努力工作重要，还是经营人脉重要？"还没等我回答，她就迫不及待地向我诉苦，说自己为了积攒人脉，经常流连于各种饭局、酒局，没日没夜地交际应酬，结果搞得自己非常疲惫，但是效果却并不理想，有用的人脉没攒几个。

这让我想起了自己刚参加工作那会儿，有个主管就经常对我们说："你们小年轻下了班后，不要这里吃喝，那里唱歌的，光搞些无效社交，友情没加深多少，钱和时间倒是浪费了不少。"

毋庸置疑，职场中的人脉，本质上也是一种特殊的资源。有效的人脉资源可以帮助我们扩大交际圈子，增加机会。通过建立良好的人脉关系网，还可以帮助我们更好地了解行业动态，获得更多的信息和资源，让我们在工作和职业发展中获得一定的优势。通过与优秀的人建立联系，还可以帮助我们学习他人的丰富经验，借鉴他人取得成功的方法，帮助我们更好更快地成长。

但是，并不是所有的社交都能带给我们成长。一段社交关系，如果不能给你带来任何价值，还会消耗你大量的时间、精力和注意力，便是典型的"无效社交"。

比如在相处的过程，你发现，无论是在物质上还是情绪上，对方都无法给你带来任何价值满足，相反，他们还总是会找你大倒苦水，传递给你满满的负能量，让你的情绪受到不好的影响。

又比如，你去参加一场饭局，这个饭局里除了邀请你的人之外，你一个也不认识，你感到无所适从。整个饭局过程中，你看着大家觥筹交错，言谈甚欢，而自己完全插不上话，像个局外人一样。大家谈论的话题你根本不感兴趣，大家和你互动的方式让你觉得尴尬……这些，大都是无效社交，投入多了，只是一种自我消耗。

尤其当我们本身还不够强大的时候，哪怕我们整天投身于各种饭局，认识很多"大牛"，朋友无数，其实也并不能与他们建立有效的联系。因为当一个人没实力的时候，真正厉害的人是不会愿意在他身上浪费太多时间的。

曾在网上看见有人问:"什么样的关系能够称得上是人脉?"有人回答:"能提供给彼此等价交换的价值,有合作共赢的机会,才是真正的人脉。"还有网友很犀利地回复说:"当你想进入一个社交圈,意图拓展自己的人脉资源时,如果你没有可以拿出去与人交换的价值,别人凭什么就要搭理你,然后心甘情愿地变成你的人脉?"

我们以为自己与某位企业家互加了微信就是朋友了,但可能转身就被对方拉黑了;我们在某次饭局上热情递上去的名片,也很可能随手就被人当成没有价值的垃圾扔掉了……当一个人自身的实力还不够的时候,即使去认识再多、再厉害的人,他的人生往往也不会跟着飞黄腾达。

想要在社交中结识到自己想要的朋友,就要先修行自己、沉淀自己,提升自己。当你足够好的时候,自然会有优秀的人来靠近你。

人类学家罗宾·邓巴提出了一个著名定律叫"150定律",也叫"邓巴数字"。这个定律指出:人类智力所允许的,人类拥有稳定社交网络的人数上限是148人,四舍五入大约是150人。也就是说,即使你有几千个好友,并不见得会有什么作用,你甚至都叫不出来他们的名字,更别提交往合作了。

人的精力始终是有限的,能够与你保持密切联系的就这么多人。"150定律"告诉我们,社交不在于数量,而在于质量。与其把时间和精力浪费在无效社交上，不如试试下面几种方法去建立有效社交。

1.建立互惠关系

人脉的本质其实是价值交换，要想建立有效社交，互惠互助的社交关系很重要。互惠互助的核心在于能够为彼此提供有效价值。我们可以通过主动帮助他人，分享资源和知识等方式，获得他人的支持和认可。

2.培养有效的沟通技巧

积极的良性沟通是建立有效社交的前提。在职场社交中，我们要学会清晰明确地表达我们的诉求和想法，同时善于倾听对方的意见和反馈，保持谦虚和谨慎的态度，尽量避免发脾气或和他人发生争吵。积极的沟通技巧，尊重和倾听的态度，可以帮助我们建立更紧密，也更值得信赖的职场社交关系。

3.提升自我价值

戒掉无用的饭局，把时间还给自己，慢慢提升自己的个人价值，让自己变得足够优秀，才可能会吸引到同样优秀的人。这样的人脉，也才是真正留得住，值得用心维护的人脉。

在你还没有足够强大、足够优秀的时候，先别急着花太多宝贵的时间进行无效社交。毕竟，只有先修炼自己，才能找对圈子。

>>>
可以善解人意，前提是别委屈了自己

李伟刚入职不到一年，为人老实靠谱，经常主动帮助同事做事。有一次周五晚上，因为项目要工作到很晚，几个同事颇有怨言。原本约好跟朋友一起吃夜宵的李伟便说："剩下的东西晚上我来弄吧。"

于是最后只剩李伟一个人加班处理那堆杂乱的文件。李伟给朋友发了条消息，为可能会晚到而道歉。

结果李伟一直忙到快11点才算把事情弄完，他赶忙打开微信，为失约的事再次向朋友道歉。等他疲惫地打车回家时，翻开朋友圈，却发现那几个提前走的同事，几乎都发了出去玩的照片……

在工作中，为他人着想是一种非常可贵的品质。凡事多从别人的角度考虑问题，善解人意，是一种高情商的表现，也能有效避免同事之间不必要的矛盾和摩擦。

但是,善解人意的前提是不委屈自己。一个团队的工作,理应由一个团队共同负责,如果把所有事情都揽在自己身上,很可能会吃力不讨好。

以前看过一个小故事,深有感触。

甲不喜欢吃苹果,每次单位发苹果,甲顺手就把苹果送给了乙,刚开始乙还比较感恩,后来形成习惯了,就觉得甲的这个苹果就该是自己的。所以后来,当甲把苹果给丙的时候,乙就不乐意了,觉得甲这个人不地道。乙似乎完全忘记了,这个苹果本来就是甲的,甲可以给任何人,没必要征求他的意见。

在职场中也有一些像乙这样的人,他们喜欢麻烦别人,开始可能还会说声谢谢,但是时间久了,就会觉得这些都是对方应该做的。他让别人帮忙做事,别人不答应不行,做得不好也不行。但这本身就是一件毫无道理的事,从一开始就不应该发生。

善良原本是人性中最美好的品质,但如果我们的善良被别有用心的人当成弱点来利用,那么我们的善良可能就会变得一文不值,因为"欺软怕硬"也是人的本性。

在无偿付出的过程中,如果你的潜力意识里会觉得:我应该尽量满足对方的要求,这样我才能给大家留个好印象;我应该尽可能地帮助每一个人,这样大家才能高看我一眼……这些想法往往来源于一种强烈的责任感或内疚感。当你有这些念头的时候,内心就会感到压力和不安,但也可能得不到对方的感激和尊重。就像一些习惯了索取的人说的那样"你过得那么好帮帮我怎么了",或者"你那么有钱借我点怎么了"。

此外,过度付出也是一种自我破坏的行为,因为在付出的过程中,我们往往很容易忽视自身的需求和感受,损害自己的心理健康。过度的付出会让我们觉得疲惫不堪,会感到无助和沮丧,而这一切势必会对我们的工作和生活造成不好的影响。

所以,无论如何请先照顾好自己,而不是过度迎合别人的期待和感受;保持自己独立思考和行动的能力,而不是太"懂事",围着别人的感觉打转。当我们真正懂得尊重自己时,才会更有信心和勇气去追求自己的梦想和目标。

1.提高自我保护的意识

在职场中,我们要始终警惕可能存在的风险,避免将自己处于危险的境地,避免他人的工作失误或者其他潜在的隐患对自己造成伤害。远离职场中的是非之事和是非之人,远离喜欢抢功和推卸责任的同事。

2.明确自己的原则和底线

有些事情可以包容忍耐，有些事情坚决不能让步。为人处世要有自己的原则和底线，不给任何人伤害自己的机会，对于不合理的请求，该拒绝要懂得拒绝。

3.保持谦逊和低调

与同事相处要保持良好的关系，待人真诚，多做一些好事，保持谦逊和谨慎的工作态度。同时不要过分张扬自己的能力和所取得的成绩，以免引起他人的不满和攻击。

人与人之间的交往，都是以相互尊重为前提的，当双方关系出现不对等的情况，多半是交往方式上出现了偏差。如果你处处为别人着想，却屡次出现让自己受伤的事，不妨先想想自己的处事方式是否妥当，你是否有先为自己着想过。

要知道，可以善解"人"意，但请先善解"己"意。

>>>
敢于说"不",自己的底线要守住

职场中,同事之间互相帮忙再平常不过,但是自己的原则底线一定要守住。

看过一部电视剧,里面的钟晓芹就是一个不敢顶撞领导、对同事有求必应的老好人。咖啡机里没水了,要等到她上班了加水才能喝上咖啡;有东西要打印,她就算不顺路也会帮忙去取;货到付款的快递,她也会主动垫付……每次帮完别人后,她总是弄得自己满身疲惫,搞得自己的工作和生活都乱糟糟的。

后来有个同事看不下去了,好心提醒她要懂得拒绝别人,她沉思良久。这时候正巧有位同事又让她帮忙拿东西,于是她终于鼓足勇气拒绝了。对方很诧异,问为什么,她回道:"因为我不顺路。"结果，同事也没有再说什么，甚至还有位大姐为钟晓芹竖起了大拇指。从这以后，大家似乎很少再让她做杂事了。

如果一件事情真的让你很为难，那就果断拒绝掉。对于对方而言，可能不过是被拒绝后有点不开心，但是对于自己而言，却是避免了很多不必要的麻烦。

与同事们维系好关系，当然是非常必要的，但如果同事提出了不合理的请求，或者是超出了我们能力范围之外的请求时，我们也要坚守住自己的原则底线，勇敢说"不"。

职场中，我们之所以不敢拒绝别人，很可能是出于以下几种心理：

1.想要获得认可的心理

职场中，我们总想要给别人留个好印象，会担心因为没有答应对方的请求而让对方觉得我们很无情。在社会交往中，我们常常会接收到各种压力和期待，或许你会觉得自己应该要满足他人的需求，否则就会被认为是自私或者不合群。于是，为了获得他人的认可和肯定，为了合群，我们过度在意别人的看法，不惜以牺牲自我为代价，一味地去迎合别人。

2.过度共情的心理

职场中，我们不敢拒绝，还可能是担心拒绝对方后会伤了对方的面子和自尊心。这种过度共情的心理，实际上是在假设对方很脆弱，对方会因为我们的拒绝而变得很糟糕。事实上，适度的同理心能够促进彼此的关系，但是如果同理心太强，只会让自己陷入痛苦之中。这种因拒绝所带来的愧疚感和负罪感，已经大于了勉强自己接受的委屈感了。害怕对方因为被拒绝而生气，从而给自己造成不好的情绪体验，因此即便内心十分抗拒，嘴上也不愿吐露半个"不"字。

3.害怕冲突和失去的心理

职场中的人际交往不可避免，我们担心拒绝对方，会让同事之间的关系变得紧张，会让自己的职场环境变得艰难，还会担心因此可能错过一些升职加薪的机会……我们害怕拒绝之后会有不好的职场后果，因而选择姑息妥协。

事实上，很多人可能都有过"想拒绝"的时刻，但又因为各种顾虑而最终没能拒绝的窘境。如果是"不会"拒绝，那么就去学习一下沟通技巧；如果是"不敢"拒绝，那就要尝试着突破心理防线，克服胆怯心理，去除不必要的顾虑，大大方方地拒绝。

1.明确表达自己的原则底线

我们在和同事相处的时候，不仅要建立自己的原则底线，还要尽可能地明确表达出来。所谓底线，就是告诉他人自己可以接受什么，不能接受什么，当别人越过了这条底线的时候，自己会如何应对。很多时候，我们只有建立了明确而坚定的原则底线，才能赢得别人的尊重。

2.表达正当的拒绝理由

想要拒绝别人的时候，态度和语气要和缓一点，用委婉的方式明确告知对方拒绝的正当理由。比如先肯定对方的辛苦和不容易，然后解释自己不能帮忙的合理原因，最后表达鼓励，相信对方可以做到。既表达自己拒绝的立场，又给了对方一个台阶下。

3.拒绝之前，想好替代方案

当我们在拒绝对方的时候，如果能给对方提供替代性方案，对方也许更能接受。尤其是在拒绝领导提出的不合理要求时，如果我们能够给出备用的想法和方案，表达清楚自己做不了，但是谁可以做，或者要怎样自己才能做，就可以委婉地拒绝领导，或者进一步向领导提出做这件事需要的资源和技术的要求，降低对方预期。

在职场中，可以做好人，但一定不要做老好人。只有懂得适当拒绝，才不会让人为所欲为，随意拿捏。当我们学会拒绝不合理的事情时，我们的良善才开始变得有意义。

>>>
聪明的人，都敢于翻脸

收到朋友发来的消息，说要请我吃饭，我回复道："啥事这么开心啊？"朋友立刻回了四个字：扬眉吐气。

朋友新入职一家公司，原本一切进展顺利，与大多数同事的相处也很融洽，唯独有一个老同事总喜欢挑他的刺。

在一次部门例会上，朋友汇报完工作后，老同事又出来挑毛病，朋友也不知怎的，一下子恼了："这是我在市场调研的基础上做出来的方案，您都没去市场上转过一次，只凭着以前的经验就来指责我，这不合适吧？现在的市场跟以前比起来已经发生很大变化了。"朋友紧接着展示了详细的市场调查结果，有理有据，只驳得老同事哑口无言。

职场是一个要控制情绪的场合，我们应该保持一定的风度，尽可能地表现出温文尔雅的态度，与同事维持良好的关系。但是如果对方已经做得很过分了，我们也没必要一味地委曲求全，该翻脸的时候也要敢于翻脸。

正如有人说："有些人，只要你给他留有一丝余地，他就能给你撕开一个世界。"你若害怕得罪人，别人就不怕得罪你。有些时候，翻脸代表着一个人的底线，在适当的时候敢于翻脸，反而能够赢得别人的尊重。

曾看过这样一条职场生存法则，叫作"心底有光，身上有刺"。我们可以不去主动扎别人，但自己身上一定要有刺。生而为人，温暖纯良固然是应该的，但良善中带点锋芒往往会让自己的人生体验更棒。

就像电视剧《我是余欢水》中的余欢水，因为过于软弱，所以总是被上司欺负，被同事嘲笑，被朋友借钱不还，被家人看不起。当他以为自己得了绝症后，反而彻底"活"过来了，不仅敢跟朋友翻脸，还和上司硬杠，和同事动手……结果是，所有人对他的态度反而变好了。上司不再给他穿小鞋，同事对他客客气气，朋友借的钱也还给他了，就连小区的邻居都安生了！

你若软弱可欺，坏人就会肆无忌惮。

余华说："当我们凶狠地对待这个世界时，这个世界突然变得温文尔雅了。"大家都是第一次做人,没有谁就该天生让着谁。当你放下软弱时,你会发现,你的生活越来越顺心,你身边的人也越来越友善。

之前有个朋友在微信上找我,说她最近遇到了一件挺郁闷的事,问我有没有好的方法帮她。

事情是这样的,朋友和她老公上班的地方离得挺近的,所以俩人会一起开车上下班。她老公单位有一个同事,原本也自己开车,但是自从油价上涨以后就很少开了,经常搭他们的顺风车。哪怕哪天他们不直接回家,跟这位同事不是很顺路,也明确表达了不太方便带他的意思,他也嬉皮笑脸地非要蹭他们的车回家。

朋友和她老公平常工作都比较忙,通勤路上的那点时间,可以说是属于他俩单独相处的为数不多的时间。朋友本想借着这段时间和老公谈谈心,聊聊家务事什么的,现在有个外人在场,总觉得很别扭,感觉跟老公的私人空间都没有了。

我说:"你坚决一点儿,别让他搭便车不就完了。"她却犹豫道:"哪那么容易,人家好歹是我老公同事啊,万一他觉得我老公小气怎么办?以后他在公司给我老公使绊子怎么办?"

很多时候我们之所以害怕翻脸,也是因为担心会得罪人。然而,你不可能和所有人都友好相处。有些人注定和你不是一路人，此刻翻脸胜过不断敷衍。而且，学会跟这种不顾及你感受的人翻脸，得罪人是一时的，受益却是长久的。

敢于翻脸，是对自己负责的表现。如果你在工作中比别人优秀，却因为害怕得罪人而放弃自己应得的机会，那其实是一种自我贬低。看似忍辱负重，实际上却可能让别人看轻自己，还可能会因此而失去一定的竞争力，导致自己的努力白费，这其实是不明智的。

敢于翻脸，并不代表我们可以随便乱发脾气。在职场中随意翻脸，胡乱发飙，会给自己的工作和职场环境带来负面影响，反而得不偿失。

1.对事不对人

当我们在职场中被"甩锅"，或者遭受无端指责的时候，不要默默承受，而应该先摆事实，再讲道理，据理力争。强调我们不是针对某个人，而是就事论事。在生气的时候，尤其应该要注意多陈述客观事实，让对方多了解实际情况，而不是不管不顾地用极端的言语去刺激对方。

2.选择合适的时机和场合

要跟某人翻脸，有时候也需要考虑一下当前时机和场合是否合适。在与客户谈判等重要场合，如果你对着同事大发脾气，说翻脸就翻脸，只会让事情变得更糟。

3.权衡好值不值得翻脸

职场毕竟是工作的地方，如果对方态度强硬，而你跟他硬碰硬，工作就没法顺利开展，所以很多时候，还是要看事情到底值不值得你与之翻脸。做好自己分内的事情，不值得生气的人和事，就当过眼云烟，只要没损害到你的实质利益，不妨放过对方，更是放过自己。

我们始终无法取悦所有人，也无法避免别人的不满。所以，我们要对别人的讨厌和不高兴做好心理准备，只要是对的事，该做的事，就大胆去做，哪怕会得罪一些无关紧要的人也没什么可惜。

>>>
拥有被讨厌的勇气

朋友东珑经常跟我吐槽,说她的同事总是对她阴阳怪气的,特别烦。

东珑高薪跳槽到了一家发展更好的公司,而新公司的同事在面对她这个空降过来的"高手"时,免不了有些排外,尤其是和她同级别的经理,简直拿她当眼中钉肉中刺。

这个同事经常阴阳怪气地跟其他同事说:"这可是我们公司高薪聘请过来的,行业里的大牛啊,必须好好向她学习。"而东珑但凡出点小错,她便夸张地到处宣传:"新来的经理虽然厉害,但是她也不应该这么骄傲啊!"或者干脆嘲讽道:"咱们公司可不像你之前的小公司,你要多了解多学习才行。"

东珑每次都被气得够呛,然后找我大倒苦水。东珑不解道:"我明明是来帮助公司发展业务的,大家好好合作,痛痛快快地多挣点钱不好吗?"

我问:"你在公司,是给她打工吗?"

她摇摇头:"当然不是。"

我继续问:"那她给你发工资吗?"

她显得更加困惑了,又摇了摇头。

"所以,要么怼回去,要么不搭理。"

人在职场,总会遇到一些你喜欢的同事,也会遇到一些你讨厌或者讨厌你的同事。同事对你的态度,其实是你不能控制的事情。既然不能,那就顺其自然,做好自己分内的事就好,毕竟你很难做到讨好职场的每个人,没必要难为自己。

人生最大的自由,可能就是有被讨厌的勇气。不要让同事否认的目光,扰乱我们内心的平静。有人不喜欢我们,就随他去吧,反正嘴长在别人身上,我们也无法控制别人的言行。

突然有一天,东珑打电话来说要请我吃饭,这种好事,我当然是问也没问,就愉快地答应了。

吃饭的时候,东珑神秘兮兮地对我说:"前两天领导交给了我一个非常重要的任务,还千叮咛万嘱咐,一定要尽快弄好。我当时立马就一个激灵,我感觉,升职加薪的巅峰时刻,指日可待了。"

我笑着打断她:"别贫了,说正经的!"

原来,领导突然交给东珑一个急活儿。东珑在公司一直憋着一股劲儿,想要证明自己"空降兵"的实力,好让那些说闲话的人闭嘴。

为了完成这个工作,东珑连午饭都没顾得上吃,一直在埋头苦干。

领导还特意提醒过她几次,说数据复杂,休息好了再弄,小心忙中出错。她却根本没听进去。

当她终于弄完后,发现肚子早就饿得咕咕叫了,于是草草复核了一下,就急匆匆地交给领导,然后去吃饭了。

谁知等她回来后,迎接她的不是领导的夸奖而是严厉批评。

东珑奋战一天的成果,就那么随意地扔在桌上。领导压着心头的怒火,说她的报告有错漏之处,让她抓紧重做。

东珑回到自己的工位,就听见同事们在窃窃私语,东珑差点就想过去理论,但是突然想起了我上次对她说的话。于是,她深呼吸好几次,让自己沉下心来,将那份做错的报告仔细检查了一遍。

东珑原本还觉得是领导过于苛刻,有意刁难她,可仔细检查后才发现,自己确实犯了好几个低级错误,东珑决定将情绪暂且搁置一边,不再纠结领导是不是也讨厌自己,而是赶紧投入工作中。

直到脖子都快僵硬了,东珑才将数据材料梳理完毕,并重新做了一份报告,做好后还反复检查了好几遍才交给领导,领导最终满意地点了点头。

职场上,领导与员工所处的高度不一样,因而看待问题的方式也不同。很多时候,即使领导对我们进行了非常严厉地批评,也并不意味着领导是在针对我们,或者有意刁难我们。我们不妨摆正心态,用理性的思维去思考问题,跳出片面的认知。

事实上,不管走到哪里,有人喜欢你,就会有人讨厌你,这是正常现象,也是人之常情,我们不需要为此妄自菲薄。生活中,遇到互相不喜欢的人,或许我们还可以选择不去接触,但在职场就不行了。不管我们和领导、同事的关系好坏,我们每天都还会见面、说话、合作。既然没得选,不妨正视问题,尽力化解。

1.分析原因

出了问题,或许是很多因素造成的,我们要仔细找出具体的原因,找出问题的症结所在,这样才能对症下药,药到病除。除了客观原因外,我们也要学会自审,有时候换个角度去看待问题,尝试着站在对方的立场上去思考问题,反而能够从容应对。

2.积极沟通

职场沟通中,与其带着情绪去工作,不如提高情商,积极主动地去与对方沟通。对于确实是自己的失误,与其碍于面子打死不认,不如主动坦诚和接纳,然后寻求积极的处理方法,让对方看到你的诚意。

心理学家阿德勒说:"获得幸福的勇气,也包括被讨厌的勇气,一旦你拥有了这种勇气,你的人际关系也会一下子变得轻松起来。"

人在职场,有时候难免会遇到看不惯我们的人,只有当我们拥有被讨厌的勇气时,我们才能够以一种淡然的心态去面对工作,面对生活。而当我们拥有被讨厌的勇气时,便没有人可以轻视我们。

>>>
如果你讨厌的人说你,那你一定是做对了什么

中午收到晓茵发来的消息,她刚跳槽来这家新公司,就成了他们组的销售冠军,收获了一个大红包。她特意来感谢我帮她介绍了一份这么好的工作。

晓茵是个很拼命也很聪明的女孩子,我真心为她感到高兴。

更让人高兴的是,第二个月,第三个月,她依然是销冠,从她陆续给我发来的语音中,能感受到她的兴奋和开心。

但是没过多久,我就收到了她哭着发来的语音。

事情大概是这样的,她在第一个月得销冠的时候,大家虽然都有点震惊,但并没有真当回事。因为很多新人为了能留在公司,一般都会发动亲朋好友过来支持,通过拉"人情单"的方式来帮自己做

业绩。

等到第二个月，甚至第三个月，她依然是销冠，大家就有点坐不住了。尤其是她还得到了领导的器重，领导对她表现出了明显的偏爱。

结果，公司里好几个女同事便在背后一起诋毁她。不是说她喜欢忽悠客户，就是说她为了拉客户用了一些见不得光的手段。就连她帮同事忙，请同事喝奶茶，都说她是在收买人心。

之前有个同事曾旁敲侧击地问过她的家庭情况，单纯的她并没有做任何隐瞒，只说自己家境并不是很好，所以才更想要好好努力。结果她自以为坦诚的举动，不仅没有得到大家的理解，反而被认为是在故意卖惨。还有人说她是在有意打造励志人设，标榜自己，是一个恶心的有心机的人。

她感到委屈极了，又不知道如何是好，只能来找我哭诉。

我听了也很气愤，便对她说："不用委屈啊，励志人设怎么了？难不成要跟她们学八卦人设？小人人设？为什么你是销冠，而她们啥也不是，就是因为你的精力都用在努力工作上了，而她们的时间却用来攻击和嫉妒他人。你越是觉得受伤，她们反而会越来劲。不用理会她们，你只需要多多赚钱，穿她们穿不起的衣服，买她们买不起的东西，住她们住不起的房子。她们越看你不顺眼，你越要过她们难以企及的好日子，这才是对她们最大的惩罚……"

在职场中，同事的嫉妒有时候也可以看成是一种荣耀，不遭人妒那是庸才。只要你比别人优秀，过得比别人好，就难免会有一些人嫉妒、攻击你。

面对那些有意诋毁你的人，你越解释，他们越觉得你是在狡辩；你跟他们争辩，他们会认为你是恼羞成怒。毕竟，愚蠢的、势利的、心胸狭隘的人，是看不得别人好的，所有正常的行为在他们眼里可能都是别有用心。

遭受嫉妒和贬低虽然是一件令人不开心的事，但换个思路想想，这也可以是一件好事，因为如果你讨厌的人说你，那一定是你做对了什么，我们完全可以将其看作是一种激励，一种变相的肯定。面对这些人，我们只需要以此为动力，让自己更优秀，将他们远远甩在身后，一切恶意和诋毁就会不攻自破。

正如北宋时期一个"驴画家"的故事：

相传宋徽宗非常喜欢书画，有天他突发奇想，问侍从有没有会画驴的人。侍从多方打听之下，还真找到了一个叫朱子明的画家，大家都说这个人画驴画得最好。

朱子明听到皇帝要召见自己去画驴，顿时傻眼了。原来他根本不会画什么驴，他只是一名山水画家，因为画得好，遭了同行的嫉妒。不怀好意的同行们为了贬低他，便给他取了一个"驴画家"的称号，取笑他而已。

为了能够给皇帝画好驴，朱子明只得每日苦练，结果最后还真就画出了让皇帝大为称赞的驴像。从此，朱子明成了一名被皇帝正了名的"天下第一画驴人"，一举成名。

虽然遭受了同行的诽谤和诋毁，但朱子明并未因此恼羞成怒，日日与人争辩，而是努力精进自己的画技，不放弃、不消沉，才能抓住珍贵的机会，最终成就了自己。

面对同事的嫉妒，我们不妨将其转化为内在的驱动力和向前发展的台阶，用一种更加积极乐观的方式去消化同事的嫉妒。

1.不刺激同事的"嫉妒心"

面对个别嫉妒心强的同事，我们没必要斤斤计较，非要"讨个说法"，这样不仅浪费了自己的时间和精力，还会制造出更大的冲突，影响自己的情绪。面对别人的嫉妒，我们不妨看开一点，甚至可以视而不见，然后用更加出色的成绩来回应对方。

2.不磨灭心底的"锐气"

嫉妒我们的人，往往是在某一方面不如我们的人，他们的嫉妒很可能是在掩盖心底的自卑和懦弱。所以，面对来自同事的嫉妒，请保持冷静的大脑和坚定的信念，继续增强自己的实力。一般来说，会嫉妒，也说明你们之间的差距还不是很大，一旦你变得更强，差距拉大，对方很可能就不再是"嫉妒"，而是"仰慕"了。

大多数时候，我们都希望能做到以理服人。但当别人不讲道理的时候，光生气是没用的，我们只有露出自己的本事，展露自己的强大，他们才会乖乖坐下来和你讲道理。当你讨厌的人骂你的时候，你应该感到高兴，大可以享受他们看不惯你又干不掉你的样子，然后一如既往地精进自己。

>>>
搞清角色定位,别和领导走得太近

有些人觉得,工作中一定要和领导搞好关系,只要能走得近一点,溜须拍马也算一种本事。但其实,如果没有核心竞争力,能力平平却和领导走得太近反而不是好事。

张岩因为能说会道成了王总面前的"红人",也正因为如此,在其他同事以及其他部门领导的眼里,张岩就被打上了"王派"的标签。

张岩经常听到大家在背后议论他"爱给领导打小报告",而且还把王总对他们的意见归结到张岩身上,张岩觉得"被站队"有点委屈,但想着能跟直属领导搞好关系,也就默默忍受了。

一次公司出现了一个职位空缺,张岩正好合适,信心满满地以为王总会提拔自己，出乎意料的是，升职的却是另一位资历稍深一点的同事。

按照老一辈的思维，总觉得跟领导走得近就容易得到更多机会，但其实现在的职场情况是，能否得到机会的核心并不在于和谁走得近，而在于自己在公司里的价值。能和领导走得近一点，最多只是在恰当时机的锦上添花而已，并非必要因素。

因为能做到领导的位置，大概率他最擅长的事情不是处理具体的业务，而是对团队的管理。身为领导，带的是一个团队，要平衡各方的利益和关系。

资历平平、能力平平的你，即便和领导整日里勾肩搭背，也不见得他就会给你更多实质性的好处，因为你并不能为他带来更多实质性的利益，也不利于他对团队的管理——如果他把所有的资源和好处都给你了，团队的其他成员必然会感到不公平，工作的积极性也会变低，这样自然不便于他管理，也势必会影响到整个团队的发展和业绩。而且你跟领导走得太近而能力又欠缺，提拔了你，肯定会影响他的口碑风评。

所以，领导无论是为了团队发展，还是为了避嫌或是为了不影响自己的威严，都不会轻易给你太多好处。

尤其是在大公司中，人员比较多，难免会涉及派系斗争。如果你像张岩一样和某个领导走得太近，在其他人眼里，必然会被当成该领导的心腹，无论你是主动"站队"，还是被动"站队"，都没什么区别。

如果你的领导在派系斗争中失败，或者选择跳槽，其他领导过来接手时，你又没有不可替代的能力，那么你多半会成为新领导"上任三把火"时要处理的对象。

哪怕你的领导斗争胜利，看似高枕无忧，但你和领导走得太近，知道了一些不该知道的事情，也很容易让自己卷入不必要的利益纷争中，最终给自己埋下"弃卒保车"的隐患。

职场是理性人的集合，工作的价值取决于绩效贡献的高低，用业绩说话才是硬道理。如果在工作中只管经营人脉，不把本职工作做好，只会本末倒置。

作为员工，我们需要弄清楚自己的工作职责，按照工作计划，高质高效地完成好工作任务，从而赢得领导的认可。如果连本职工作都做不好，没法为公司创造价值，那么即使其他方面做得再好，跟领导走得再近，一般也很难得到真正的赏识和重用。所以说，想要获得好的待遇和更多机会，要凭自身的实力去争取。

在职场中，真正厉害的人，在和领导打交道的时候，往往会保持恰当的距离。

1.保持严肃的距离

明确自己的职场定位，跟领导的关系永远是上下级的关系，切记不要当众和领导开玩笑，更不能跟领导摆架子，甚至顶撞领导。这些会让领导难堪的行为，一定要高度警惕，尤其是原本与自己同级的同事晋升为自己的领导后，不管当初你们的关系有多好，这些行为也切记不可做，不要觉得你们已经很熟了而大意。

2.保持圈子的距离

千万不要把自己的圈子和领导的圈子混为一谈，更不要刻意进入领导的圈子。很多时候，人脉资源并没有我们想象得那么简单，要时刻保持敏锐，不要弄巧成拙。

3.保持利益的距离

在利益面前，人性经不起试探。和领导有关的利益问题，要始终保持一种敬畏和审慎的态度。保持一定的距离，不要碰触领导的红线，否则将面临随时被"清除"的风险。

行走职场，和领导保持着不远不近的恰当距离，才能建立最和谐的职场关系。

你要记住，你只需要对工作负责，而不需要对某个领导负责。

>>>
你只管对得起自己，剩下的交给天意

曾经看过这样一个小故事：

在法国的一个市场里，一位中国妇人摆的摊子生意尤其火爆，这引起了其他摊贩的嫉妒。于是，不少人经常有意无意地将自家的垃圾扫到她的摊位前。

这位中国妇人看见了，只是宽厚地笑笑，从不去计较，然后默默把垃圾都清扫到自家摊位的角落里。

旁边一位卖菜的外国妇人观察了她好几天，最后终于忍不住问道："大家都把垃圾扫到了你这里，你为什么不生气啊？"

中国妇人笑着说："在我们国家，过年的时候，大家都会把垃圾往自己家里扫，垃圾越多就代表赚的钱会越多。现在每天都有人往我这里送'钱'，我怎么会拒绝呢？你看，我的生意不是越来越好了吗？"

这个回答很快在市场里传开了，从此以后，那些垃圾也不再出现了。

中国妇人的智慧令人惊叹，但更令人敬佩的是她的宽容。她用智慧去宽恕别人，更是在放过自己。

生活中有人辜负了你，甚至背叛了你，你无需抱怨，更没必要怨恨。因为怨恨别人，伤的只是你自己，如果他做得不对，生活自会给他惩罚。

职场中也一样，难免会遇到各种各样的麻烦事，它们让我们情绪低落，效率低下，内心胆怯。但当我们回过头来再看时，可能就会发现，这些烦恼大多并无必要，也毫无价值。甚至有时候，并没有人刻意针对你，可能只是凑巧而已。

张德诚是公司里的业务骨干，他严谨认真的工作作风，为公司办成了不少重要的事情，领导也经常点名表扬他，大家私下里都觉得下次升职非他莫属。

可是，比他早两年进公司的一个同事心里不乐意了，总是对张德诚阴阳怪气的，有时候甚至有意无意地在背后说张德诚坏话。有段时间，张德诚总觉得公司里的人看他的眼神都有点怪怪的，他感到郁闷极了。

张德诚在家喝闷酒的时候，父亲看到后并没多说什么，而是坐下来陪儿子一起喝。三杯酒下肚，父亲给张德诚讲了自己早些年工作时遇到的一个木匠。

那时，父亲还是一个小学徒，跟着师父四处做木工活。一起干活的还有一个老木匠，据说他一辈子都在用心制作家具。

看着他每次都一丝不苟，不急不躁地干活，年轻学徒随口道："您都做一辈子木工了，还这么小心翼翼啊。不过你再用心恐怕也不可能做出世界上最好的家具来。"

木匠不气也不恼，笑着回答道："我并不想做出世界上最好的家具啊，我只想对得起自己。当我看到自己用心做的家具被人们喜欢和使用，我就心满意足啦！"

张德诚听完若有所思，从此以后，他不再过分关注别人怎么评价自己，而是把心思更多地专注在自己的工作上。

职场中的竞争和纷争是无法避免的，我们不应该为此迷失自己。凡事对得起自己，用心去做每一件自己应该做的事，努力提高自己的能力和素质，才是眼下最重要的事。

人在职场，我们难免会遇到各种各样的同事，有些同事可能会对我们的工作表现，甚至个人品质有所评价，这些评价有好有坏，我们没必要太在乎。不在乎并不是说我们要无视别人的意见，而是说，我们要有自己的判断力和自信心，不被同事的评价左右我们的情绪和行为。我们要始终相信自己，做好自己该做的事，用实际成果来说话。

1.明确职场定位

在职场中，我们要了解自身的优缺点和职场价值，明确自身职业发展的方向，对自己的职业生涯进行长远规划，从而帮助我们明确目标，避免陷入无意义的纷争和内耗中。

2.学会自我管理

在职场中，学会自我管理也很重要。制订合理的工作计划和日程安排，劳逸结合，避免过度的工作压力和紧张的人际关系。注意自己的情绪管理，尽可能地保持积极乐观的心态，谦虚谨慎，努力提升自己的技能，不断提升竞争力。

杨绛先生曾在《百岁感言》中这样写道："我们曾如此期盼外界的认可，到最后才知道，世界是自己的，与他人毫无关系。"人的一生，时间和精力都是有限的，要把它们花在更值得、更有意义的事情上，人生才会有价值。如果你不吃别人家的大米，就别太把别人的话放在心上，这便是所谓的人间清醒。

不用太在乎别人对你的评价，每个人的处境不同，一个人没有必要活在别人的议论中，只要对得起自己，无愧于心就可以。

3 >>>

工作的本质是等价交换，不是做慈善

>>>
成年人的世界，只有筛选，没有教育

曼曼今年刚毕业，还没有什么工作经验。入职后，她的主管对她说，有什么不懂的问题尽管来问自己。可是曼曼始终都不好意思开口，也不知道怎么问。她总觉得，她如果遇到问题了，主管肯定会像上学时自己的老师一样，主动过来教她的。

结果月末考核业绩的时候，曼曼不出意外地是垫底。眼看着曼曼可能连试用期都过不了，主管忍不住教育她："职场不是学校，很多东西需要你自己积极主动地去问、去学，没有哪个前辈会像你上学时候的老师一样等着教你。说的残酷点，成年人的世界只有筛选，没有教育。如果你不能主动去学习，就只能等着被筛选了。"

曼曼虽然已经进入职场，却还保留着学生的思维。她没有意识到：职场不是学校，你不主动问，没有人会像老师一样手把手教你，或者在你懈怠时主动鞭策你——毕竟大家都挺忙的。什么事都等着领导主动指导帮助，这种被动接受的思维方式和习惯，会让一个人失去在职场成长的机会。

想在职场中取得进步，光等着别人安排可不行。每个步入职场的新人，都需要尽快完成身份的转变，融入职场角色，改变学生思维，主动寻求工作反馈和指导。只有尽快掌握和熟悉工作中所需要的各项技能，才能在职场这条赛道上取得优异的成绩。

职场的法则是：你适合这个岗位，你就可以留下；给你一段学习时间后你依然不适合这个岗位，那就只能请你走人了。虽然有很多公司非常注重人才的培养，会给员工做一些岗位培训，但是相较于培养人才，筛选人才才是公司赖以生存的核心机制。因为公司花费很大的成本运转起来是为了盈利，是为了自身发展，而不是做慈善。

《当幸福来敲门》是一部我看了很多遍，而且特别喜欢的电影。它取材于非裔美国投资专家克里斯·加德纳的真实故事。

男主角克里斯是一名普通的业务员，跟妻儿一起生活在旧金山，过着平凡而忙碌的生活。然而世事难料，公司裁员，他失业了。妻子不堪贫苦离开了他，还把年仅5岁的儿子留给他养。很快，克里斯就因交不起房租而被房东扫地出门，无家可归的父子俩一度流落街头，过着食不果腹的日子。

事业的失败、婚姻的破裂、经济的困顿，几乎要把克里斯击垮，但他并没有放弃自救，而是想尽一切办法去打工挣钱，试图给儿子传递乐观面对苦难的精神。

一次，克里斯偶然看见一个开高级跑车的男人，便想知道做什么工作才能过上这样的生活，对方回答："证券经纪人。"于是成为一名证券经纪人成了克里斯的目标。

随后，克里斯在一家证券投资公司得到了一次实习的机会。然而竞争非常激烈，20个实习生只有一个能留下来，而且长达半年的实习期没有任何工资，这无疑会让父子俩的生活雪上加霜。

最终，克里斯凭借着不懈的努力、好学的精神、灵活的头脑和坚韧不拔的毅力，成功留了下来。后来他还开了一家属于自己的股票经纪公司，成为知名的金融投资专家和百万富翁。

不会有任何幸福会无缘无故来敲门，每个人都要自己去"请"幸福来敲门。

小的时候，我们摔倒了，父母会把我们扶起来；我们做错了事，父母会原谅我们，也会为我们兜底；我们受到了伤害，父母会安抚我们，鼓励我们，保护我们；我们学习成绩差，老师会不厌其烦地为我们补课，反复督促我们认真学习……

等到我们长大了，要开始独立面对成人的世界时，突然发现，这些庇护和鼓励似乎一下子就减少了很多。成年人的世界有它的精彩之处，也有它的残酷之处。它有时候甚至不会给我们纠错的机会，而只用"适者生存"的丛林法则来筛选我们。

所以，请你记住，从学校毕业并不等于学习的终结，参加工作后也要保持一定的学习习惯。所谓"活到老，学到老"，日复一日地学习积累，会让你与同龄人之间逐渐拉开距离，并因此而产生可观的变化。

如果你不知道在职场中应该怎么学习，不妨参考以下几个小方法，它们或许可以助你快速摆脱学生思维，成为优秀成熟的职场人。

1.每天开始工作前，先梳理好今天需要完成的任务，明确轻重缓急，确保主次分明，有条不紊。

2.每周、每月都对自己的工作进程进行复盘，及时总结经验教训，在之后的时间着重练习自己不熟练的地方或者新接触的还很陌生的领域。

3.主动做一些虽然不在自己的工作范围内但自己力所能及的事情，主动熟悉部门的整体情况或一个项目的整体流程，从而了解到自己还有哪些业务知识需要补充。

4.找一位优秀的前辈，作为自己学习的榜样，保持谦虚热情的态度，有目标地去学习、去工作。

成年人的世界里，不会有人像上学时那样，催着哄着我们去学习，哪怕最后仅仅成绩及格也能顺利毕业。成年人的世界更多的时候，是你行就上，你不行就换人。而且公司只会筛选适合企业战略规划、匹配工作岗位、有发展潜力的人才，大多数时候都不会一点点从头开始培养员工。换句话说，企业只择优录用，"差不多"和"刚及格"是很难站稳脚跟的。

在这个只筛选、不教育的现实社会里，唯有不断学习，锻炼好自己的谋生能力，强大自己，才能拥有人生的终极安全感。

>>>
做好分内的事,收起你过剩的责任心

财务部办公室内,新来的晓洁似乎在偷偷抹眼泪。

事情是这样的,就在刚刚结束的展会活动上,晓洁原本只是去送一份材料,但是到现场一看,大家都在忙碌地布置会场,活动负责人也在紧锣密鼓地调度。晓洁便很好心地上去帮忙,结果现场的工人因为晓洁错误的指令,将展会的物料放错了地方,以至于影响了整个展会的布置进度和效果。而让晓洁紧急送过去的预算报表也没有及时送到负责人手上,直接影响了负责人跟客户的及时对接。

晓洁原本是出于好心才出手帮忙,看似很有责任心,实则不仅耽误了自己的正事,还帮了倒忙,给别人添了麻烦。有时候,工作中过剩的责任心不仅会触及别人的利益,还会惹得别人不快。

在职场上，我们首先要做好的是自己的分内之事。遵循工作的四象限法则：分清楚哪些事情是重要且紧急的，哪些是不重要但是紧急的，或者重要但是不紧急的，以及哪些事情是不重要且不紧急的。分清轻重缓急，知道自己在什么时间该干什么事，确保自己的分内之事能够高效地完成，才是我们工作的第一要义。

当我们的分内之事已经一丝不苟地完成后，如果还有富余的时间和精力，也可以有选择地帮同事分担一些力所能及的事情，但也要分清楚哪些该帮，哪些不该帮。千万不要自己的工作还没做好呢，就老想着帮别人干点什么。

过剩的责任心意味着模糊的边界感，当你在不知不觉中替别人负重前行时，压在你肩头的担子，最终会变成你工作中的不可承受之重。

这让我想到了之前刷过的一部豆瓣高分日剧：《无法成为野兽的我们》。

女主深海晶是一位在电子商务网站制作公司工作的年轻职场女性，职位不高，仅仅是个销售助理，但因为做事靠谱而深受老板"青睐"——一人扛起三个人的活。除了分内的工作，她还承担了秘书和销售的职责。每天一睁眼就是被各种工作消息轰炸，在拥挤的地铁上收到来自老板的夺命连环Call，到公司的第一件事就是帮老板泡咖啡。

阿晶的公司规模不大，管理却很混乱。老板只会强制性地下达命令，话语上不尊重员工，秘书和销售部不少人都因此辞职了，而空出来的工作缺口就由阿晶填上。

面对喜欢颐指气使的老板、到处捅娄子的新同事以及老油条的老同事，好脾气的阿晶不仅会帮老板订机票，还会陪老板和客户吃饭；同事工作上出了问题，她也总是帮忙解决，甚至会代替同事在公共场合非常卑微地给客户道歉。

然而，阿晶如此负责任的做法，非但没有得到老板和同事的尊重和赞赏，而且还被认为是理所当然。有次她在替别的同事收拾烂摊子，以至于加班到深夜，最终耽误了老板交代的其他工作，反而受到了老板的厉声斥责。回家的路上，阿晶一度情绪崩溃，差点被疾驰而来的公交车撞到……

有时候，责任心过剩很可能是一场灾难——那些没有上进心不负责任的同事会认为你太内卷、爱表现，不仅会嘲讽你，还会嫉妒你，甚至会孤立你。而不分轻重缓急的过剩责任心也会在无形中增加自己的工作量，从而影响自己的工作效率和工作质量，最终耽误了自己的正常工作。

我们当然要成为靠谱的、有责任心的人，但是正确地承担责任，追求的并不是委屈自己成就他人；正确地承担责任，首先要对自己负责，界限分明，拎得清事情，看得清自己。

在工作中，同事之间互相帮忙再正常不过，但切忌责任心过剩。

1. 设定界限

工作中，明确自己的职责范围所在，不随便插手不属于自己的工作。弄清楚哪些任务是真正重要的，哪些可以稍后处理，以及哪些任务交由别人处理可能更为妥当。分清主次，明晰权责。同时，明确工作和生活的界限，劳逸结合。

2. 学会拒绝

不是所有的请求都必须答应，对于那些超出自己职责范围或者超出自己能力范围的请求，第一时间果断拒绝。即使不得不接受，也要与对方明确前提条件，降低对方预期，或者提出必要的支援，比如技术支持等。

3. 接受可替代性

工作中，我们要努力提升自己的核心竞争力，让自己在自己的岗位上变得不可或缺、不易取代。但事实上，绝大多数打工人所在的岗位都是很容易被替代的，公司少了一两个员工也都会继续运转。所以，除了努力提升自己以外，还需要保持平常心，收起"没我不行"的傲慢心态。

过度负责是一种自我消耗，很多时候，我们光是完成自己的工作，管理好自己的情绪，就已经疲惫不堪了，实在没有精力为他人负责。

当我们花费大量的时间和精力，去替别人解决问题和困扰的时候，留给自己的时间往往就所剩无几了。

所以，如果可以，请收起你过剩的责任心。承担太多压力，只会让你力不从心，也没有时间去精进自己。不要把自己的责任推卸给别人，也不要平白无故地为别人承担责任。

>>>
与其指点别人，不如叫醒自己

文月有个朋友以前经常跟她吐槽，说自己在老家这边工作机会少，发展前景不好。文月耐着性子帮她分析，并建议她可以去北上广看看。结果，朋友又含糊起来，始终迈不出离开舒适圈的那一步。

后来，这个朋友在给文月打电话的时候，竟然边说边哭了起来。朋友既委屈又愤怒地埋怨起了命运的不公，还说去北上广发展的同学如今个个都混得比她好。要知道，上学的时候她成绩一直都比他们都好，如今却处处不如他们……

如果一个人执迷不悟，那么世界上没有任何一句话，可以让他醍醐灌顶。当一个人坚持自己的想法时，不要试图去指点他，因为这时候的他不一定会听你的。只有他自己愿意打破自己的固定认知，允许自己接受新观念时，才有可能真正去转变自己。

这让我想起了我曾看过的一个电视剧《我的新时代》。

文静离婚后带着孩子生活，做起了时间比较自由的出租车司机的工作。相交多年的好友白菁知道后，觉得文静好歹是师范大学毕业的高才生，怎么能去开出租？于是，她建议文静换一份教育行业的工作，并且还主动推荐人脉给她。然而，文静却说自己挺好的，也很喜欢目前的这份工作。

白菁却不以为然，还坚决地表示："你就按我说的做吧！你是不是没简历？简历我帮你写，你只要准备面试就行！"听到这里，文静忍不住回怼道："你能不能别这样，非要把你觉得正确的事强加给我，我完全不想换工作，听不懂吗？"最终两人不欢而散。

职场中，很多人其实也有"好为人师"的习惯，他们总是不自觉地以自我的认知去指点别人，结果吃力不讨好，甚至把对方推向自己的对立面，让彼此的关系渐行渐远。

"好为人师"，实质上是一种喜欢用自己的主观经验去教育别人的心理状态，其初心可能也并不是想体现什么优越感，而是单纯不想让对方走弯路。但是在对方眼里，很可能就变成了一种冒犯和越界。

莫言曾说过这样一句话："永远记住，成年人最大的愚蠢就是指点别人。你的经验，未必适合别人；你的认知，不一定高于别人；你的角度，未必看得清别人。"

一个人的生活处境会受到诸多因素的影响，我们没有经历过别人的人生，无法完全理解他人的感受和困境，也就未必能提出真正对对方有用的建议。

即使我们的经验和认知能给他人提供一些实质性的帮助，但如果我们没有以一种尊重和谨慎的方式与对方沟通，也很容易让对方产生被控制的不适感。

每个人都有自己独特的经历，从而形成了自己特有的认知架构和人生体验，别人的需求和想法很可能会与我们的大相径庭。我们认为好的，别人不一定觉得好；我们认可的人生标准，不一定适合所有人。

正如叔本华说的："想去改变别人，即便没有阻挠，那也是很困难的。"

每个人都有自己特有的喜好和生存法则，拿自己的标准去衡量别人、要求别人，哪怕是出于善意，也很容易被误解是对别人的过度干涉，从而引起对抗和不满。

每个人都有自己擅长的领域，在此之外的领域肯定也有很多不足。当我们的建议对别人来说并不够专业，那么对方必然不会采纳。比如学财务的人去指点做设计的，说这个宣传册设计得不够吸引人，但是怎么样才算好自己又说不上来，做设计的自然不会听从。

与其指点别人，不如叫醒自己，成年人最大的清醒，是要学会允许自己是自己，允许别人是别人。

当我们想要帮助别人的时候，不如学会"助人自助"，保持开放和谦逊的心态，用理解和倾听的态度与他人交流，尊重他人的独特个性，鼓励他人探索自己的道路。

事实上，真的人际高手，往往深谙职场相处之道，从不随意指点他人。看似不近人情，实则是恰到好处地拿捏了分寸。

1.学会自知，保持边界感

人贵有自知之明，多读书，多体验，了解自己的长处和不足。尊重他人的选择和决定，不坚持给别人灌输对方不接受的意见，保持边界感。实在不忍对方走弯路，只需善意提醒即可，不可过度干涉。

2.变得优秀，增加自己的话语权

努力学习，成为自己擅长领域的专家。当你越来越优秀，不仅会得到更多人的认可，拥有的话语权也会越来越大。

3.注重沟通技巧

当你想给对方一些实用的建议时，要注意表达的方式方法。注意自己的语气、神态、动作，让对方感受到你的真诚和善意。如果对方实在听不进去,也要表示理解,切不可将自己的意志强加给对方。

妄图改变别人是内耗,尝试改变自己是成长。一个人想要走得更远,就要学会专注自己的道路,而不是在别人的世界里随意乱晃。

>>>
工作的本质是等价交换，不是做慈善

张赫是销售部的"劳模"，每天都是第一个上班，最晚一个下班。但是他大部分时间都在办公室里耗着，很少出去跑业务，拓展市场。平常上班，虽然也有通过电话或者网络平台维系客户，但是能够转化的有效订单屈指可数。

领导好几次找张赫谈心，建议他多学习其他同事的销售技巧，毕竟做销售业务，光靠留在办公室加班是没用的。

张赫一边表示自己会努力向其他同事学习，一边仍然把大部分的时间用于办公室的内勤工作和人际交往上，每个月只靠着领导给的一点资源完成基础的业绩指标。

没过几个月，总公司过来考核员工业务情况，张赫因业绩不合格被辞退了。

　　做销售的，如果不出业绩，工作态度再好，人缘再好，不能给公司创造价值，那么被淘汰也只是早晚的事，毕竟公司不是慈善机构。

　　工作的本质其实是交换价值。员工通过提供自己的劳动力，包括时间、技能、智力等，为公司创造利润价值，而公司则通过提供工作机会和薪酬福利来回馈员工付出的劳动力。而价值交换的目的是互利共赢，其结果是双方都能够得到合理的回报，而不是单纯靠一方做奉献来维持彼此的关系。

　　我们讲在工作中要有奉献精神，并不是指去做一些无脑的奉献行为。如果我们强调不求回报的付出，一直默默奉献，长此以往，无论是公司还是员工，哪一方都会不堪重负，这种没有任何回馈的奉献是无法长久的。

　　奉献本身是一种难能可贵的品质，但是职场中的奉献应当是有计划、有目标的行为，是要以为公司创造价值同时为自己谋求更好待遇为原则。

　　职场是利益的竞技场，每个人都在追求自身的职业目标，或升职或加薪或获得更多人认可……因此，我们需要通过互换资源、知识、时间等来实现自己的目标，这种交换实际上也构成了职场的基本运转系统。

身为职场打工人，我们需要适应工作中的等价交换，知道该如何为公司提供价值，同时也要学会争取自身权益。

王岩在一家互联网公司上班，因为个人能力比较强，公司刚成立没多久也缺人手，所以领导不仅安排他负责网络的维护，还让他承担了业务联系的工作。刚开始王岩还能兼顾，可随着公司业务发展越来越广，兼着两份工作的王岩有些力不从心。他很想去找领导聊一聊，但又有些不好意思张口，担心会让领导失望。

正当王岩犹豫不决的时候，领导突然宣布马上要进行人事变动，以适应公司的快速发展。王岩很高兴，想着这次调整肯定能减轻自己的工作量了，毕竟现在自己一个人做着两个人的事，大家都看在眼里。

然而，看到人事变动通知后，王岩傻眼了。因为公司不仅没有减轻他的任务，还给他增加了接待的工作。而此时的王岩，已经能在网络维护方面独当一面了，即便换家公司他也有信心能干得不错。心有底气的他终于下定决心要和领导好好谈一谈，并且做好了可能会得罪领导被辞退的准备。

抱着这样的心态，王岩走进领导的办公室，把自己的想法和目前自己的工作强度条理清晰地说了一遍，并再次强调了自己在网络维护方面的专业度，希望自己能专心在这个领域深耕。没想到，领导没怎么犹豫就采纳了他的建议，还为自己之前考虑不周感到抱歉。

工作的本质是价值的等价交换，企业和员工都不是来做慈善的。企业不是慈善机构，如果你不好好工作，自然会被降职、降薪甚至辞退；同样的，员工也不是慈善家，做不到无怨无悔地长期过度付出。

当然，对于员工来说，在做好自己的本职工作外，可以在有余力的情况下多做一些额外的工作，以此展现自己其他方面的能力和潜力，从而争取更多机会，获取更多报酬。毕竟，你的个人价值就是你获取报酬的底气。你的个人价值越高，公司越重用你。

在工作中，个人价值体现在很多方面，比如专业技术、人脉关系、学历背景等，这些价值不一定全部有用，关键还在于如何展现。

比如，你的英语水平很高，但你去了一家乡镇企业，接触不到外语业务，那么你英语水平再高，也无法和企业建立价值交换；但如果你去了一家外贸公司，结果就完全不同。你与企业之间的可交换价值越大，能换取到的报酬也就越高。

也就是说，想要更好地等价交换，获得更高的报酬，就要去想办法提升自己在公司的可交换价值。

1.结合岗位需要打造专属学习计划

在优化自身知识结构、扩充知识储备、提升专业技能的时候，首先要考虑自身岗位发展的需要，有选择、有目的地进行知识和技能方面的学习。在工作岗位上积累起来的实操经验,能帮助我们更好地理解相关的理论知识;而我们学习到的理论知识,也能帮我们更好地运用到实践中去,进一步提升职业技能。

2.关注行业发展趋势

每个行业都在不断地发展,相关的技术也在不断迭代,关注一个行业的发展态势和业内信息,可以帮助我们认识更多需要学习的新知识。只有不断更新专业知识,及时掌握业内的新技术,才能实现自身水平的升级,提升核心竞争力。

3.给自己留出思考的时间

在学习专业知识和提升职业技能的时候,机械地重复练习往往达不到理想的效果,及时反思、不断调整往往能事半功倍。每晚睡觉前,留出思考的时间,回顾一天的工作要点,加深对岗位需求的理解,总结在工作中出现的问题和错误,思考下次如何避免和改进。

>>>
不要被"面子"束缚

曾在网上看到过一句话,"谁也不是小太阳,每天都有正能量"。

是啊,面对工作和生活的压力,每个人多少都会有些负面情绪,与同事或朋友吐槽也是在所难免,但是在那之后还是会互相打气,鼓励对方。

不过,要是真的有同事或朋友的负能量影响到了自己的工作和生活,也不妨直接提出来。尤其是在职场上,大家都是来工作的,很多时候并不需要被面子束缚住,委曲求全。

由于市场行情不好,经营业绩不佳,公司决定暂停每年的集体涨薪,并且承诺今后涨薪会根据个人能力进行调整。

3

工作的本质是等价交换，不是做慈善

一接到通知，郑成顿时就有些不乐意了，他旁若无人地抱怨道："以前每年一次的涨薪就是个盼头，这下好了，仅剩的这点盼头也没了。还说什么根据个人能力调整薪酬，不就是画大饼嘛！"本来就担心"如果工作不是特别突出就很难涨薪"的职场新人何亮，听郑成这么一说，心情更不好了。

郑成还经常在办公室抱怨加班，每次加班都要发牢骚："工资不知道涨，工作量倒知道涨！又要加班，烦死了！"每次听到郑成抱怨，何亮也很烦，因为加班都是大家一起加的，每个人都想把事情早点做完早点回家，可一旦抱怨和不满的气氛出来，所有人做事的效率往往都会受到影响。

一次，何亮忍无可忍，便对郑成直接说："成哥，我知道您是个心直口快的人，有啥不如意的就要说出来。但是您说出来自己是舒服了，却把不舒服传染给了大家。以后还是请你少在大家办公的时候发牢骚吧。"郑成有些惊讶，以后虽然还是免不了抱怨几句，但在何亮面前还真收敛了不少。

面对同事的不合理行为，我们或许还能放下面子，敢于说真话。但是如果面对的是有权威性的领导，拒绝其不合理的要求，往往需要更大的勇气。

通过考试成功入职一家大型企业的张玲，因为文科出身，又善于

写作，被分配到了办公室工作。一次招商活动结束后，办公室主任被安排陪外地客户吃饭，他便拉着张玲一起参加。

　　用餐期间，张玲一直忙着给客人端茶倒水。三杯酒下肚，客人们渐渐放松了下来，说话也变得随意起来。当知道张玲是刚毕业就考了进来，都纷纷夸她年轻有为。

　　一位客人说："刚毕业的大学生有前途咧，在办公室工作，肯定是一位才女，来，咱俩干一杯！"张玲连连摆手说自己不会喝酒。

　　此时办公室主任接话道："不会喝可以多练练嘛，你可以的！"张玲迟疑了片刻，红着脸坚定地说："领导，我真不能喝，我酒精过敏，一喝就得进医院了。"

　　客人和办公室主任听完，倒也没有再强求，反而表示理解，身体健康重要。

　　很多时候，坚持做自己，不要总是碍于情面做自己不想做的事，结果也并没有想象得那么糟糕。

　　职场中，势必会遇到一些如果"死要面子"就会活受罪的情况，比如怕得罪同事，帮同事隐瞒错误，结果自己也担了责任；为了不让领导觉得自己不称职，不敢拒绝任何不合理的工作安排，结果搞得自己身心俱疲，效率下降；被客户拒绝了一两次，就脸皮儿薄，打起了退堂鼓，结果本来再坚持一次就能成的合作也泡了汤……

我们之所以很容易被"面子"束缚，主要源于两个方面的原因。

其一是文化因素，自古以来，"人活一张脸，树活一张皮"的面子观念早已根深蒂固。我们从小就被教育要"争气"，不能给父母"丢脸"，各方面都要表现出众，不能让人看轻。进入社会参加工作，为了给领导和同事留个好印象，更加不能做"丢面子"的事。

其二是个性因素，有的人生性敏感、不自信，总是担心自己会做错事或者说错话引起他人的嘲笑，为了尽量避免冲突，坚决不做可能会有损自己颜面的事。这样的人往往习惯通过他人的认可来实现对自我的肯定。

"面子"这个无形的东西，常常被我们挂在嘴边，记在心里，甚至奉为行动的指南。然而正如鲁迅先生在《说"面子"》一文中将面子比作晚清时期的长辫子一样，它紧紧籍住了我们的身体和灵魂，成为我们精神上的枷锁。我们会因为面子而不敢说真话，也会因为面子而放弃争取更多的机会。

"面子"可能会让我们获得短暂的体面，但真正的尊严和价值往往是通过坚持做正确而有意义的事来获得的。在职场中太在意所谓的"面子"，拉不下脸面去拒绝，去争取，只会阻碍我们的成长，那样的"面子"只会成为我们职业发展道路上的绊脚石。

当然，在职场中，做人做事保留三分情面也很重要。如果既想不委屈自己，又想不伤了对方的面子，可以尝试采用一些沟通技巧。

1.委婉表达

直接提出负面反馈或直接拒绝对方，往往不容易被对方接受，还可能产生矛盾冲突，如果用委婉的、间接的、隐喻的方式来表达自己的想法，往往效果要好得多。

比如，"你的想法真不错，不过以公司目前的条件估计是不太好实现，等以后有机会吧""我也挺想给你帮忙的，但是这块业务我确实不熟，万一帮倒忙就不好了"，等等。

2.点到即止

有时候，讲真话难免伤人，不仅起不到提供建议的效果，还容易得罪人，破坏双方的关系。所以我们在跟同事说真话、提意见的时候要懂得控制节奏，点到为止。言语之间，给彼此留点空间，话不要说太满，让对方明白意思即可。

3.尝试"汉堡沟通术"

所谓"汉堡沟通术"，就是首先肯定对方，给对方积极的反馈，然后指出需要改进的地方，提出意见，最后再表达一下赞美，给对方台阶下，让对方在心理上更容易接受我们提的意见和建议。这种方式就像我们吃的汉堡一样，上下两片面包是肯定，中间的肉片和蔬菜是意见和批评，这样的表达往往比直接提意见要好得多。

>>>
别人的工作不要随便插手

今年刚参加工作的菲儿在上班的时候,看见同事正在为一个复杂的报表头疼,便主动上前帮忙。结果对方不仅没有感激她,反而有些不悦,这让她感到困惑不已。

其实,每个人都有自己的工作,大家分工不同,各自负责的领域和发展的机会也不同。当你随意插手别人的工作时,很可能会让对方倍感压力和困扰,觉得自己的能力受到了质疑,或者以为你想取而代之,进而对你产生不满和戒备的情绪。

李哲的公司里就有几个同事,喜欢对别人的工作指手画脚,李哲却不一样,他总是安安静静地做自己的事。有时别人来问他的意见,他也会认真回应,但一定会在最后补一句:"不过,这是你的工作,你比我更专业，我相信你的判断。"这种态度反而为他赢得了大家的尊重和信任。

在职场，不越界，不随便插手别人的工作，是一种修养。

人在职场，首先要明确自己的工作范围和责任边界，因为每个人都有自己的工作任务和职责范围，随意插手别人的工作，不仅会打乱对方的工作节奏，还可能会引发不必要的误会。不随便插手别人的工作，是基于尊重他人职业边界和职责分工的考量。

对工作充满热情的人，可能都有过这样的感觉：一项任务或者一个项目，随着自己投入的精力越来越多，它就不再单单只是一份工作了。看着项目一点一点做起来，自己会感受到一种特有的满足感和成就感，因而也会出现某种程度上的"占有欲"，不希望自己的工作被他人"染指"。所以，对于其他人负责的工作，你要保持足够的尊重，即便对方的工作想法不如你，也要控制自己，在未经授权的情况下，不要觉得自己更优秀就越界。

随便插手别人的工作，还可能会导致的一个结果：同事会借机依赖上你，以后有啥不想干的活都会找你帮忙。你帮了第一次，就会有无数次，最后可能会因为不想帮或者不能帮而被埋怨。

冯唐曾说过："别人的工作最好不要插手，很多时候沾上了就甩不掉了。干得好了，那是别人的功劳；干得不好，那你得背锅，典型的出力不讨好。"

随意插手别人的事，不仅可能是白费力气，还可能招来埋怨。即使你的初衷是好的，事情发展的结果也可能会偏离你的想象。

有次我在朋友圈看见有个认识不久的朋友在找工作，那时候我手上刚好有一个我觉得还挺适合他的工作机会，便热情地推荐他去了。结果他在新公司没待多久，就觉得工作的发展前景和福利待遇都不满意，选择了离职，最后搞得我两头不落好。

想要在职场人际关系中游刃有余，首先要学会尊重他人的工作，保持谦逊低调，专注自己的本职工作，提升自己的业务水平和素养。在帮助别人之前，要征得对方同意，确保自己的帮忙是有意义的，千万不要越俎代庖。

比如当你注意到同事似乎忙得焦头烂额时，你可以适当地询问一下对方是否需要帮助，但切忌自作主张，随意干涉。如此这样，才能既维持了同事间的和谐，又避免了不必要的纷扰。

当然，不随意插手别人的工作，并不是说要对他人的困难和请求置之不理。能帮的忙，还是要帮的，只不过提供帮助也需要讲究一定的技巧。

1.征求当事人的意见

在帮忙之前,先征求对方的意见,理解对方的想法,这样才能更好地给予他人合理的帮助。千万不要自作主张,好心办坏事。

2.充分权衡利弊

哪怕是对方的请求,也要谨慎对待,要分析他所遇问题的形势,权衡一下自己的帮助是否有用。如果自己插手进来未必能解决问题,还可能会带来不好的后果,不如保持距离。

3.尽力而为,不要逞强

如果经过谨慎考虑之后,仍然觉得有必要给对方提供一定的帮助,那么应该在分寸得当的前提下尽力而为,而不是直接大包大揽,将别人的工作一股脑儿接到自己手里。

所以,如果同事主动找你帮忙,一定要看具体情况,能帮的尽量帮忙,不能帮的也要懂得委婉拒绝,千万不要让自己因为插手别人的工作而陷入尴尬的境地。

>>>
追求"多劳多得"，拒绝"多干多错"

在一个社交群里看见有人吐槽自己在单位是"多干多错，少干少错；与其多干，不如不干"。

林平刚刚参加工作四年，就成了部门的业务骨干。林平原本只负责新产品的推广工作，但因为本身对PPT、EXCEL等办公软件的应用比较熟练，所以领导经常让他处理相关的文件。久而久之，部门领导渐渐习惯把整个部门的数据分析、整理，文字材料的撰写、润色，年度工作报告等文字工作全部交给林平去做。

有时候，由于工作量大，时间紧，林平免不了会忙中出错，结果领导大为不满，甚至当众批评他，毫不留情面。林平心里很不是滋味，直抱怨干得多，错得多，挨批评也多，还不如不干。

其实"多干多错"的想法,可能很多职场老人都深有体会。有这种想法的人,大多是觉得公司的工作分配不公平,赏罚不明。明明自己每天忙得连喝口水的工夫都没有,有些人却闲得恨不得一天织出一件毛衣。而且做的事多,出现问题的概率就更大,所接受的批评也更多。长此以往,多做事的人的工作积极性肯定会大受打击。

如果一个公司讲究"能者多劳",而且"多劳多得",就意味员工的收获和付出是成正比的,只要努力干,就会获得相应的报酬,那员工的工作积极性自然很高。

如果一个公司宣扬"能者多劳",但是多劳并不能"多得",反而会"多错",甚至多劳的成果会被别人侵占,那么这样的公司,最好考虑赶紧离开。

有时候,多干多错,少干少错,并不是个人能力的差别,纯粹是概率的问题。

假如一个正常人在工作中的犯错率是5%,那么当他做了100件事时,就会出现5次错误;而当他做了1000件事时,就会出现50次错误;而如果只干20件事,只会出现1次错误。干得多,出错的概率自然会大一些,但完成的事情同样也更多,如果不看总体成绩,只盯着出错的次数而责怪员工,其实是不合理的。

当然，如果领导对自己本来就比较器重，而自己也具备一定的业务能力，随着领导安排的工作逐渐增多，虽然自己全力以赴了，但还是无法避免错误的发生，因此就生出"多干多错，不如不干"这样的想法，其实也是不理智的。

多错并不可怕，可怕的是不做。

我们努力工作的目的是获取报酬，同时得到认可，证明自己存在的价值，也可以为升职加薪打下基础。

如果领导对你充满期待，委以重任，这其实是一个很好的机会。你希望自己有所成长，就不可避免地要去多做更多的事，以便积累经验和能力，积攒资源和人脉。正如泰坦尼克号停在码头就永远不会沉没，但这不是它被造出来的目的，不做虽然不会出错，但这并不是我们进入职场的目的。

我们多去做一些自己能承受的工作并没有问题，唯一需要注意的是如何避免"多错"，让自己的"多干"能做出切实有效的成绩，然后去争取"多劳多得"，这才是明智之举。

工作量太大，而人的精力有限，忙中出错这是正常现象。人非机器，从事高强度工作，出点问题不可避免，只要能吸取教训，同样的问题不会再次出现，就可以有所精进。

很多时候，领导也是出于对你的信任，才会将一些额外的工作安排给你去干。如果你可以尝试着做好，不如珍惜这样的机会，在不断尝试中磨炼自己，等到任务圆满完成后，或许你就能赢得一次升职的机会。

如果担心做得多反而会掉进坑里，不妨在做事之前考虑以下几点：

1.非力所能及范围内的工作尽量不接

哪怕是领导出于对你的认可，将其他人的工作交由你来完成，你也要在第一时间做出判断，如果自己确实无法做到，应该及时向领导说明，并建议该项工作由更专业的同事负责，效果会更好。如果领导坚持让你做，也要向领导表明，自己会全力以赴，但不一定能达到所要求的效果，从而降低领导的预期。在得到肯定答复之后，再去接手，认真对待。

2.学会借力

有时候领导安排的一些工作，涉及你从未涉及过的专业领域，那么，你完全可以向领导申请专业人员辅助配合你完成工作。很多工作都不是一个人能全部干完的，往往都需要团队的配合，只要能不折不扣地完成任务，申请群策群力也很有必要。

3.和善于推卸责任或喜欢抢功的同事保持距离

如果你的身边有善于推卸责任或者抢功的同事，在工作事务上尽量与其保持距离，明确彼此的权责范围。如果必须与其一起合作项目，那么不妨每日做好工作日志，按时向领导汇报工作进展，以免自己的劳动成果被抢占或者沦为"背锅侠"。

想要升职加薪，想要实现自己的价值，增加成功的可能性，就要避开"多干多错"的陷阱，争取"多劳多得"的工作环境。

努力工作，多干实事。如果有好的机会，一定要去尝试，去争取，去积累。

>>>
别高估人性,别看轻自己

前两天,朋友东珑突然给我转发了一篇文章,还问我觉得写的怎么样。

我打开一看,发现是一个入职不久的小姑娘,通过写文章的方式,吐槽工作中的种种不如意。因为有些观点直戳打工人的痛点,所以阅读量还不少,堪比一个小"网红"。

我对东珑说:"这种博主挺多的吧?你咋突然对这个感兴趣了?"

东珑回复道:"这是我们公司策划部门的一个同事,她这个号同事圈子里都转发过,甚至连大领导都看过了。"

我心想,这小姑娘多半前途未卜了。

她写的内容,看上去是初入职场的年轻人在分享职场经验,实则指向性十分明显，细节很多，以至于现实里的工作伙伴几乎都能对号入座。而且文章内容不止抱怨工作本身，她为了传播效果还故意用嘲讽的、夸张的语气，对同事及领导进行了一番"评头论足"。

小姑娘这个做法，未免欠缺考虑。要知道，有共同的"敌人"，并不代表就一定是朋友，尤其是在工作关系中，同事能变成无话不说的朋友实在有点困难。

诚然，私下你们可以通过一起吐槽领导或公司制度来抱团取暖，可以通过共同的利害关系成为彼此短暂的盟友，但是盟友并不等于朋友。

如果你一时激动，以为遇到了知音，什么话都不管不顾地往外说，甚至把自己的底牌全亮出来，那么很可能就给自己埋下了一个隐患。一旦利害关系发生转变，比如，你俩竞争同一个职位，或者仅仅是老板使了一点点离间手段，盟友很可能瞬间就会变成敌军。

太高估人性，会美化很多事物的意义。有时候，自以为自己和对方"交情匪浅"，实则只是"交浅言深"罢了。

杨绛先生曾说："不要高估你和任何人的关系，更不要低估人性逐利的规则，做好自己，亲疏随缘，时间会沉淀最真挚的情感，风雨会考验最温热的陪伴。"

人性逐利自古有之，职场中人际交往的核心，本就是利益。

记得《红楼梦》对人性有如此诠释："明是一盆火，暗是一把刀。"事实上，初到一个工作环境，你永远不知道，身边对你笑脸相迎的人是真心恭贺，还是笑里藏刀；你也很难看穿眼前与你把酒言欢的人，是坦诚相待，还是口蜜腹剑。

轻信他人，无异于亲手奉上能够伤害自己的利刃；全心交付，意味着主动将自己作为案板上的鱼肉。

在这个复杂的世界里，你可以保持纯真，但千万不要过于天真。

孙敏是三个儿子的妈妈，大儿子已经10岁了，双胞胎儿子也已经快6岁了。

孙敏在怀双胞胎的时候格外辛苦，从怀孕初期到生产，孕吐反应一直很严重，身体一度不堪重负。好不容易熬到孩子出生，她又不得不承担起照顾两个婴儿的重任，于是干脆辞职做起了全职妈妈。

同时照顾三个儿子的生活和学习，孙敏只觉得心力交瘁，好在丈夫还比较理解自己，下班后总会主动帮忙，日子倒也过得去。

然而有一天，大儿子无意中说了这么一句："妈妈，你整天不上班，家里的钱都是爸爸挣的……"孙敏听到愣住了，突然有些难过。

孙敏原先也是做人力资源管理工作的，她性格比较内向，初入职场时工作颇多坎坷，但她都咬牙坚持了下来。她工作认真踏实，很快也得到了领导的赏识。然而，正当一切就要步入正轨的时候，双胞胎的到来，打乱了她的事业节奏。考虑再三，她还是决定先回归家庭，为此，甚至错过了一次晋升的好机会。

如今听见大儿子这么说，她既委屈又伤心，她很想告诉儿子，自己曾经也为工作付出了很多，而且全职妈妈一点儿也不比上班轻松。

大儿子的话就像一根刺，扎在孙敏的内心深处，她时常会感觉到隐隐作痛。在将小儿子们也送入小学以后，她最终确定了自己的想法：她不想一直做全职妈妈，过一眼望到头的日子，她想重返职场，实现自己的社会价值。

于是，孙敏开始正式规划起她的职业生涯。

当然，她离开职场多年，重头来过，一切并没有那么顺利，但也没有想象中那么难。孙敏先是从朋友介绍的小公司做起，学习新的人力资源管理知识。如今她仍然免不了因为在家庭和工作上缺乏掌控力而犯愁，但是她坚信自己早晚会兼顾好二者的平衡。

只要还在路上，就没有到达不了的地方。

不低估自己，不自怨自艾，不遗余力变得强大，才是一个人立足世间的最大底气。

在任何时候都要坚信自己的能力，尊重自己的想法。

只有自己看得起自己，才能得到别人的尊重。

>>>
你是来挣钱的，不是来生气的

张伟升级做爸爸之后，想多赚点钱养家，便辞掉了已经做了五年的工作，去了一家新公司。面试的时候，HR承诺公司的气氛良好，非常适合张伟这样的年轻人打拼，而且给出的工资也比之前的高很多，于是张伟便很满意地接受了。

然而进了新公司后，张伟才发现，这里的风气似乎不大对。首先是主管，整天黑个脸，和面试时HR描述的和蔼可亲的模样简直判若两人；然后便是周围习惯内斗的同事，他们表面上嘻嘻哈哈，看起来其乐融融，实则经常在背后互相诋毁对方；有私人恩怨的，甚至还会在开会的时候明着针锋相对。最后，公司内部因为相互拆台而导致合作洽谈中止的现象，更是屡见不鲜。

入职后，张伟工作比较认真，表现突出，结果便让有些过于敏感的同事意识到了威胁。还有些在公平竞争中输给张伟的人，也都开始暗中记恨。随着张伟业绩越来越好，距离晋升越来越近时，大家纷纷开始嫉妒，所有人似乎都心照不宣地有意针对起他来。

在这样的工作氛围中，张伟变得越来越不开心，身体也逐渐出现了一些毛病。他忍无可忍，最终选择辞职离开。

如果一项工作总是让你情绪低落、意志消沉，那么你就要反思一下，到底是自己的问题，还是公司的问题，或是客户的问题。然后对症下药，改变自己能改变的，远离自己不能改变的，不要为了一份工作而影响自己的身心健康。

在职场中，当你取得突出的成绩时，不可避免地会将别人变成你的背景板。职场上的利益，无外乎升职加薪等，而这些都属于稀缺资源，总量就这么多，肯定要优先分配给站在背景板前面的主角。

当然了，这些利益对每一位员工而言，都有着巨大的诱惑力，谁都想要得到。无论是明面竞争，还是暗地较劲，有些人为了争夺这些有限的资源，各凭本事绞尽脑汁，其实也属正常。竞争本来也是一种良好的激励措施。

然而，工作是要付出时间和脑力的，而不是付出情绪，不要让糟糕的人和事影响了工作的心情。有时候，工作环境的压力不会转化为动力，最多只会转化为病例。所以，因为工作而心烦的时候，多对自己说一声"没必要""不至于"，然后想办法去化解遇到的问题。

  孙浩所在的公司竞争很激烈，也有不少内斗现象，但奇怪的是，基本上没人会去找孙浩的麻烦。大家之所以愿意给孙浩面子，是因为孙浩其实是一个非常"会做人"的人。

  孙浩每次签了一个大单，都会与大家"有福同享"，有时候是一杯饮料，有时候是一份小零食。即使是新来的后辈，孙浩也会送他们礼物，还会鼓励对方好好干。除此之外，孙浩为人谦卑谨慎，从不张扬，待人真诚，但不会毫无顾忌，这也大大增加了他的人格魅力，孙浩最终获得了大家的一致认可。

  网上流传着一句话，强者从不抱怨环境，也许就是说的孙浩这样的人吧。他们不会因为自己所在的环境不理想就破罐破摔或者逃避消沉，而是会找到问题症结所在，用一些小心思化解掉可能会阻碍自己成功的难题。

  工作就是工作，工作有工作的意义，但它并不具备人生全部的意义。我们需要工作赖以生存，但如果因此长期沉浸在工作的负面情绪中，影响了健康，就得不偿失了。

在工作中，如果觉得无法稳定自己的情绪，不妨从以下几方面尝试着做些改善：

1.了解情绪的来源

在工作中，情绪的来源主要包括工作任务、同事关系、工作环境等，你需要先明确自己负面情绪的来源，找到原因，才能想办法改善现状，更好地控制自己的情绪。比如，如果是因为工作任务过于繁重导致情绪不稳，你可以通过调整工作计划，或者向他人寻求帮助等方法来缓解自己的情绪。

2.找到情绪的出口

工作中难免会有一些消极情绪，需要找到一些适合自己的情绪出口来释放自己的情绪压力。比如，如果感到工作压力过大，不妨通过跑步等简单轻松的运动来放松一下自己；如果你感到不安，也可以找朋友或者家人倾诉或者寻求帮助。

3.调整自己的思维方式

有时候你会因为在工作中受挫，或者竞争过于激烈，而陷入过度自责和自我怀疑的负面思维中。这时，你有必要尝试着转变一下自己的思维方式，积极思考，换个角度寻找解决问题的方法。

当然，即使存在竞争，也没必要跟同事处成"敌人"。比起竞争，同事之间，团队成员之间，更多的也是一种相互合作的关系，只有通过良性竞争，才能更好地合作共赢。

  退一步讲，如果自己确实改变不了糟糕的工作环境，还可以选择换个工作。毕竟，一直在一个负面的情绪场工作，实在大可不必。

  除了工作，还要好好活着，不要生气，保命要紧。

> > >
永远不要想当然

记得刚入职没多久的时候，有位同事问我关于工资补贴的事，而在那之前不久，我刚好也问过同事艾比关于我的工资补贴的问题。我心想大家应该都一样吧，于是直接回复了对方。后来我在和艾比吃饭的时候，顺嘴提到了这件事，她却告诉我，不同岗位的补贴其实是不一样的……

这件事给刚入职场的我敲响了一个警钟，那就是，工作中永远不要想当然。不懂的、不确定的事情一定要及时去问、去确认。值得庆幸的是，这次只是一个小错，事后我又给那位同事解释了一下，没有造成什么不可挽回的损失。

古人云，三思而后行。在工作中，就算有九分的把握，也最好再确认一下，确保无误后再去做。很多造成严重后果的错误，可能都是在想当然的思维下引起的。尤其是一些看起来微不足道的小事，或者看起来不值得费脑子、习以为常的环节，往往更要谨慎一些，因为人最容易在有把握的事情上掉链子。

比如甲乙双方成功合作了好几次，彼此之间也比较熟悉。在一次新的合作中，乙方代表想当然地觉得甲公司向来靠谱，就省略了先签合同的流程，直接安排下一步工作。结果出了意外——甲公司换了领导，不认可这次合作，乙公司为这次合作的前期投入全部打了水漂。

这里，乙方代表就犯了想当然的错，省略了本来可以规避风险的一项流程，最终给公司带来巨大损失。

在工作中，即使自己没有弄错什么，如果时间允许，最好也能再确认一次，尤其是在工作沟通过程中更是如此。心中不疑，执行起来才能更到位。

工作沟通中，无论是领导、同事还是客户，如果对方声音较小，语速太快，或者夹杂了一些没听懂的方言时，一定要及时确认。如果觉得直接让对方复述有些不妥当，那么不妨自己将工作安排复述一次。如果你复述的正确，对方也不会多说什么；如果错误，对方自然会主动纠正，从而实现二次确认，大大提高沟通效率。

凡事不要想当然，要多问、多看、多思考后再做判断，除了在流程和沟通上不要想当然，在工作思路上也同样不要落入"想当然"的陷阱。

大学毕业后，曼文留在了广州，很快入职了一家广告公司，干起了拉广告订单的工作。当时的"熟人法则"还是行业内拉订单的惯例，然而人生地不熟的她，显然没有足够多的人脉资源。而没有熟人介绍，对方基本不会搭理。

同一批进公司的新人，大都通过家人、朋友找到了潜在的客户，然后请人家吃饭聊天，想方设法混成熟人，做成了第一笔订单。曼文有些发愁，只能自己四处乱逛，碰碰运气。

一次，曼文无意间路过一个会议室的门口，听到里面的老师正在给一群人讲管理课程，课程讲得非常精彩，时不时还发出阵阵笑声。曼文也来了兴致，停下来听了一会儿。这时她突然想到：底下坐着听课的人，不正是我需要的潜在客户？

于是，一下课，曼文便拉住老师，猛夸对方的课讲得真好，还问老师还能在哪儿听到这些课程。老师说这是外企的内训课程，一般不对外公开。曼文要了对方的名片，而后简单聊了下想后续合作的事。

回到公司后，曼文将通过听课到熟识再到拉广告业务的想法讲给领导听，领导点头表示可以试试，但是前期投入成本的问题还希望她能控制一下。

于是曼文再次找到教管理课程的老师，表示想帮对方免费招生，但希望对方能够允许自己送给客户几节免费体验课的权利。

老师一开始有些犹豫，曼文赶紧说："您看咱们的客户都是中上层的管理者，对您来说其实也是个非常好的宣传方式。而且我们是广告公司，还可以免费为您提供一些其他的广告服务……"老师这才笑着答应了。

接着，曼文把之前收集到的潜在客户的名片拿出来，一个个打电话过去，邀请他们的管理人员来免费试听课程。不同于卖广告，外企内训的管理课程还是很有吸引力的，很快曼文便顺利邀请到了一些企业管理人员来这里听课。

来听课的管理者们体验良好，课程着实让他们获益不少，曼文无形中刷了很大一波好感。这样的活动不仅让她接触到了更多潜在客户，还让她积累了可观的人脉资源，机会多了，订单自然水到渠成。

思维决定出路，如果总是在惯性思维的固有模式里打转，往往很难跳出思维的牢笼。惯性思维在工作中，有时是"熟能生巧"的效率，有时却是"想当然"的懒惰。

有时候，妨碍我们前进的最大敌人，往往就是"想当然"。因为我们总喜欢把已有的东西当成一种经验习惯,然后用旧的方式去解决新的问题,结果自然是走进死胡同。而当我们放下这种"想当然",对已知的经验抱有批评的态度,对未知的问题多加思考,往往会有意想不到的效果。

4 >>>

珍爱生命，
远离"焦虑贩子"

>>>
三十岁实现财务自由？小心被坑

新媒体时代，信息传播迅速，提高了传播效率，也放大了很多焦虑，其中之一便是对财富的焦虑。

"一线城市财务自由门槛高达1900万"的话题曾在社交平台上刷屏，在如今"996""007""内卷"的话题屡屡登上热搜的时代，这样一个数字的出现，无疑给一些人憧憬的"诗和远方"和"财务自由"带来了沉重的打击，甚至加剧了他们的财富焦虑。

曾在网上看过这样一个帖子，楼主说自己来自小城市，到上海念书，熬过了辛苦的求学生涯后，谋到了一份有发展潜力的工作。他始终保持着高度的自律，从不抱怨，也不敢偷懒半刻，最终在三十岁的时候达到了月入四五万，并有了一点积蓄。如果不出意外的话，再努力工作几年，存点钱，也许就可以凑个首付买房了。

然而就这时候，"比特币"大潮来了，身边的人似乎都在谈论这个话题，很多人说这是风口，是难得一见的机遇，要抓紧上车。

刚开始他还不怎么信，但随着"财务自由""炒币买房""风口难得"等极具诱惑力的词语在他耳边轮番轰炸，他最终变得热血沸腾。冲动之下，他拿出了全部的积蓄购买了比特币。

一开始，比特币确实涨得很快，令他迅速赚了一笔，这令他振奋不已。于是他决定贷款，加仓购买比特币——他有信心还会继续涨。

然而，不久后，全球各个国家开始出台相关政策，严厉打击炒币行为，各种虚拟货币也跟着下跌。几乎在一夜之间，他血本无归。

楼主为了所谓的财务自由，采取看似高效投资的行为，实则是一场豪赌，和在赌场上希望一夜暴富的赌徒心态一模一样，结果亏得倾家荡产。

实现财务自由是一件很诱人的事情，谁都想无拘无束地去做自己想做的事情，过自己想过的生活。然而，这也是一件非常困难的事情，需要不懈的努力、难得的机遇和一点运气，才有可能实现。

然而现在很多自媒体账号都在鼓吹这种所谓自由的生活，实则多是营销需要，甚至只是一场骗局。因为那些貌似能让我们实现财务自由的方法，很可能会将我们辛苦多年，好不容易积攒下来的财富，转瞬间化为乌有。一旦信以为真，就很可能被坑。

曾经有一段时间盛行过这样一种风气，"上班干到四十岁，财务自由，从容退休，然后周游世界"，更有甚者还开始疯传"三十岁实现财务自由"的职场美梦。

三十岁，或许在有些人看来是一个重要的人生节点，然而事实上，并没有几个人能在三十岁实现财务自由。绝大多数人在三十岁的年纪还依然在为自由幸福的生活而奋斗。

实现财务自由，远没有我们想象得那么简单。现实世界其实并没有"搞快钱"的捷径，不要因为贪图一夜暴富，就相信所谓的"财务自由计划"，最终落入别人设好的陷阱。

财富积累是一个长期积攒的过程，需要持续不断地努力，并保持足够的耐心。

那么，作为职场打工人，我们在积累财富的道路上，要如何才能避免自己被坑呢？

1.赚钱不是一切

赚钱并不是人生唯一的目的，赚钱只是为了更好地生活。尤其作为普通工薪阶层，要先暂时把赚钱的目标定低一点，不要给自己太大的压力，以至于失去了生活的趣味和幸福感。把自己的本职工作做好，有一份稳定的收入，把家人照顾好，这才是一种更有意义的人生状态。

2.注重小财富的积累

对于一般人而言，投资行为都是额外的财富奖励，虽然看着诱人，但风险也大，门槛也高。若无相关的金融知识储备，建议还是脚踏实地地工作，努力奋斗，才是相对更为可行的财富积累之路。而且财富积累不分大小，有积累就很好，慢慢来。

3.做好财务规划

三十多岁的年纪，可能已经结婚生子，上有父母要赡养，下有孩子要教育，压力之大前所未有。很多人开始觉得自己挣的钱始终不够花，还时时担心万一出个意外，自己无法承受，因而时常焦虑。与其想着如何一夜暴富，不如仔细想想，做好财务规划。不求财务自由，但求过得舒心。有积蓄的时候，尤其不要盲目投资，如果真要投资也要选择自己足够熟悉的领域，同时做好风险控制。

当你拥有一技之长，愿意每天一步一个脚印，踏踏实实地去做一些有意义的事情，最终实现人生价值时，说不定财务自由反而与你不期而遇。

>>>
工作永远做不完,该休息休息,该"偷懒"就"偷懒"

昨天和朋友逛街吃饭时,朋友愤愤不平地向我诉苦道:"我真无语了,我们领导也不知道怎么想的,居然给一个整天偷懒的人升职加薪!"

朋友最近为了争取升职的名额,一连两个月都在公司加班到很晚才走,结果最后领导提拔的,却是那个每天准点下班打卡的同事,朋友大呼不公。

我问她:"那她的业绩怎么样呢?"

朋友想了想说:"也就比我好一点吧。她每天才花那么点时间去做,我也不知道她是怎么做到的……"

你看，其实承认别人优秀没那么难。别人不加班，业绩却比你好，与其愤愤不平嫉妒生怨，不如去学学别人的工作方法，提高自己的工作效率。

记得乔布斯说过这么一句话："如果你很忙，除了你真的很重要外，更可能的原因是：你很弱，没有更好的事情去做；你太差，不得不用努力来弥补；你假装很忙，让自己显得很重要。"

事实上，真正厉害的人，往往都会"偷懒"。

同样的职位，同样的工作量，有人三两下就处理完了，有人三五天也没完成，这其实是工作方法和工作效率的问题。

正所谓"会者不难"，任何岗位，真正花心思钻研的人，总能摸索出一套高效的工作方法，从而节省时间，提高效率。

比如对于常规性的工作，会"偷懒"的人一般都是事前做好规划，事中按部就班，事后跟踪反馈，摸索出一套适合自己的高效的工作流程。

会"偷懒"的人，往往更会"休息"，劳逸结合，不仅工作效率高，而且生活质量好。他们往往更能掌握好工作与生活的平衡，知道自己的努力方向是什么，想要的东西是什么，这也是真正对自己负责任的表现。

妍妍最近有点郁闷，因为她又被领导批评做事太慢了。妍妍满腹委屈，感觉每天都有很多事要做，想快也快不起来。

她不是在跟客户沟通项目，就是在和同事讨论工作，还要去做领导交代的其他任务，似乎一直都在忙。

然而她的同事和她是一样的岗位，职责相似，却每天都能游刃有余、轻松从容地做事，还能早早下班。

似乎只有妍妍需要天天加班，仿佛有永远做不完的工作似的。

其实有时候，有的人工作明明不是特别多，但他完成的时间却拖得特别长，我们不妨想想，是不是有些环节出了问题。可能是他做事的时候不够专注？也可能是做事的方法有问题？还可能是心态的问题，觉得怎么也做不完，于是便产生了焦虑、压迫感和无力感，以至于养成了拖延的坏习惯。

事实上，工作并非真的永远做不完。可能偶尔会有很忙碌的时候，但如果一份工作，你永远像妍妍一样觉得自己忙不完，可能就需要反思一下，是不是自己没得要领。

而且，你不妨学习一下"偷懒"这个技巧，该休息时休息，越忙乱的时候，越需要找时间厘清思路，抓住重点，迅速完成，让工作变得更加游刃有余。

人在职场，学会"偷懒"是一种高级思维。该偷懒时偷懒，并不是说要消极怠工，而是通过合理的规划，妥善安排工作和休息时间，提高工作的效率，从而以更加饱满的激情去面对工作和生活。

1.流程化处理重复性的工作

在日常工作中，总会不可避免地出现重复性的工作。可以试着将这些简单的、重复性的工作流程化，这样就可以极大地提高工作效率。学会随时总结、反思，最好能把经验总结成直观的文档或思维导图，把可流程化的工作列成清单，这样就可以避免忙乱中出错或忘记某个流程，影响了节奏拖延了进度，造成了损失还得花时间弥补，从而大大提高效率。

2.培养时间节点意识

在日常安排工作时，尝试以时间节点去划分工作。将需要配合的事情、复杂的项目等设置关键的时间点，并将预估完成的时间与相关人员达成一致，规划明确，有序推进工作进程。比如每天制订当天的工作计划，设置每项任务完成的时间节点，这也会增加一定的紧迫感，督促我们在规定的时间内完成某项工作。

3.分清轻重缓急

工作要分轻重缓急，不着急不重要的事情可以先放一放，优先处理最着急最重要的事情，把时间和精力放在重要的工作上。对于一些领导额外安排的事情，或者同事需要你配合的事情，需要灵活地根据事情的紧急复杂情况，合理安排时间。对于同事不合理的请求，或者不利于完成自己核心工作的事情，该拒绝要学会拒绝。

4.只想眼前的事

有时候，你可能也知道要做什么事，并设定了完成时间，只是在做的时候还是会忍不住分神，拖拖拉拉的。这个时候，不妨暗暗地对自己说："先不想这些，等做完手上这件事后再想。"用于自己对话的方式，提醒自己集中注意力，关注眼前的事，尽可能地排除不必要的干扰，也可以极大地提高工作效率。

>>>
有些事情，完成比完美更重要

晚上跟文月吃饭的时候，她一顿吐槽，说她上个月任劳任怨、勤勤恳恳，结果绩效考评连个"A"都没拿到。她怎么也想不明白，自己这一个月明明早出晚归，一天到晚忙个不停，也没犯过任何错误，结果还是被扣了分。

文月是从国企跳槽出来，到了一家业内颇有知名度的私企。之前她在国企的领导追求"宁可慢一点，也不要出错"的原则，加上她本身性格的缘故，几年下来养成了极度细致、追求完美的工作习惯。然而现在的公司似乎更追求效率，所以她的工作方式在现在的领导眼里更像是"磨洋工"，工作绩效考评自然很难拿到"A"。

在工作中精益求精，给工作设立高标准，然后努力去达到这样的目标，追求卓越，其实是一种好的工作表现，它能帮我们更快更好地成长。然而，如果过度追求完美，则很可能会适得其反，甚至造成各种负面影响。

在工作中，过度追求完美的人往往会过于关注细节，难以接受瑕疵，不断重复检查或矫正已有的工作成果，以至于工作难以顺利推进，无法按时完成。

过度追求完美的人，往往会对自己有很高的期待值，当他们把目标设置得过高而没达成时，那份期待就会变成巨大的心理压力，从而产生焦虑、紧张以及拖延等负面情绪，进而陷入精神内耗的痛苦当中。

过度追求完美的人，往往也会过度批判自己和他人，从而导致人际关系紧张，进而引发与同事之间的冲突，最终也不利于工作的开展。

其实，在工作中有着完美主义倾向的人，只要能稍微扭转一下工作思路，先完成，再追求完美，往往就可以达到理想的效果。

孙浩是做后台小程序开发的，刚开始的时候，他总是想很多，筹划很久，纠结于各种细节，因为没有特别完美的解决方案而停滞不前。眼看着同行的各种小程序迅速抢占市场，他开始反思自己，最终决定尝试改变一下思路。

他尝试着先把小程序的框架做出来，然后再根据用户的反馈进行改良，一步步完善更新。因为及时上架并第一时间投入市场，用户数量以很快的速度增加，得到的反馈数据也越来越多。于是，孙浩根据大量的反馈数据来完善功能，升级服务，改善体验，结果很容易就打开了市场。

很多事情，想是想不明白的，只有做出来才会有反馈，有了反馈才知道自己做得对不对，尤其是那些时效性很强的事情。比如孙浩做的小程序研发工作，第一个完成的人是模板，第二个完成的人就是模仿了。对于市场而言，上架的时机非常重要。所以，对于孙浩而言，完成比完美更重要。

我们做事情的时候，要认清形势，分析现状，不做完美主义者，而要做时效主义者。

在工作中，去行动比苦思冥想更能接近目标，先完成才有机会追求完美，完成+完善=完美。那么在职场中，我们要如何避免完美主义的陷阱呢？

1.随时提醒自己

可以在便签条上写下一句提醒自己的话，比如"先完成，再完美""完美的开始不重要，开始最重要""不要等到感觉自己很厉害了才开始，而是开始了才会变得很厉害"等，贴在办公桌上自己能一眼看到的地方，或者干脆写在电脑屏保上，方便自己在工作的时候随时提醒自己。

2.注重成果展现

职场是一个更注重结果的地方，曲折的过程只是个人品质的体现，最终的工作能力还是要靠工作效率和成果去衡量。所以，在追求完美的过程中，首先要确保工作成果被呈现出来，先按照工作要求基本的标准快速完成，再通过反馈加以完善，而不是擅自采用自我认为的高标准和高要求去处理工作。

3.摆脱负面情绪

完美主义者在完成工作的时候，往往会背负巨大的压力，这样反而更容易出错。此时不妨放下焦虑情绪，识别并接受不够完美的可能性，设置切实可行的目标，并使用深呼吸、冥想等放松技巧，按照合理的工作节奏，从容地面对自己的工作。

先去做，再慢慢改进，一个不完美的开始，可能也是最好的开始。只要想去干一件事，马上就去干，丢掉一切得失心去干，而不是等到准备完美了才去干。因为只要开始了，就会有反馈；一旦开始有反馈，就知道如何纠偏，如何调整，更接近正确的方向，做事情的动力就会越大，事情自然也会越来越有起色。

>>>
搞定能搞定的事，不抱怨搞不定的事

一转眼的工夫，就发现自己已经30多岁了。20岁的时候，总觉得30多岁的人一定都很成熟，然而等到自己30岁的时候，只觉得自己还是个"宝宝"。曾经无比惧怕30岁，可真到了这一天，发现也不过如此。

不过，要真说20岁和30岁的生活没有任何改变，那也一定是假的。已是而立之年，压力多少还是有的。

在做职业咨询的时候，总有人问我："30多岁了才找到目标，转型还来得及吗？"

我觉得这是最值得庆幸的，因为他才30多岁，就找到了目标。

46岁的赵姐，因公司高层人事变动，职业状态陷入困境，每天工作忙乱无序且毫无意义，她偷偷告诉我："每天上班像上坟一样。"

经过慎重考虑，最终她决定跳槽。之后选择进入一个全然陌生的领域——旅游业，后来过了小半年，在机缘巧合下，她竟然还做了专门负责出国旅游路线的导游！

用她的话来说就是"世界那么大，我想去看看"。我打趣道："那这句话用英语怎么说？"她忍不住哈哈大笑。

其实赵姐重新捡起多年不用的英语，心理上并没有什么负担，因为她觉得，能够真正掌握一门外语，是一件挺酷的事。这份新工作，让她可以和不同文化背景的人直接交流，感受不一样的风土人情，使她进入了另一个全新的世界。

事实上，转型远没有她说得这么轻松自在。她每天六点半准时起床，七点朗读英语，日复一日，坚持了整整一年；每个周末的培训课程排得满满当当，风雨无阻；工作的时候，赵姐更是想尽一切办法多说、多练、多请教……

刚开始带出国游的旅行团，她只能手脚并用，连说带比画，因此招来不少讥笑和白眼，游客也对她充满了疑惑和不信任，甚至去投诉她。而如今，她已经可以做到与外国人无障碍交流了，一口流利的英语为她赚取了极高的回头率。

人生在世，总会遇见一些无能为力的事情，30岁转型也好，40

岁才找到喜欢的工作也罢，先去尝试想做的和能做好的事情，你会发现，那些曾让你夜不能寐的焦虑，只是一场自己跟自己的较量。一旦你决定行动起来，那些焦虑和压力不过是过眼云烟，根本不值一提。

生活中确实存在很多的风险，它们无时无刻不在侵蚀着我们的意志和勇气，让许多本来能被把握住的机遇，都因担心计划不够周全、条件尚未成熟而悄悄溜走。

其实这些"风险"很多时候只是我们的一种想象，并不一定会发生。如果事事都非要等到"万无一失"才敢行动，只会蹉跎了岁月。

行动是治愈内耗最好的良药。内耗只会让我们原地打转，消耗我们的时间和注意力，让我们失去宝贵的机会。人生最痛苦的状态就是"骑墙"，一方面想做某件事，一方面又担心纠结内耗，一直骑在墙上，最终解决不了任何问题。

想，都是问题，做，才有答案。

行动起来，搞定能搞定的事情，就能解决掉人生80%的问题。而至于那些搞不定的事情，与其抱怨，不如先坦然接受，再慢慢找到最适宜的应对办法。

张涛先是接到了客户发来的信息，很长一段内容，还没等看完，又接到了客户打来的电话。电话那头传来暴躁的声音："你们的产品怎么回事，不良率竟然高达20%，赶紧过来看看！"张涛和同事急忙出门奔赴客户所在的工厂。

接待张涛他们的是产品的负责人，没等他们开口，对方上来就发了好大一通火，厉声斥责他们的产品有问题，并要求赔偿损失。

张涛也不恼，老老实实地听着，但是听了半天，对方也只是说产品的问题很大，他们在使用后导致他们的产品也出现了很多问题。但是具体问题出在哪里，产品负责人也没说清楚。

张涛觉得这样沟通下去解决不了问题，便提议直接去工厂的生产线上看一下。经过一整天的实地考察，张涛和同事终于发现了问题的根本原因，并不是自己的产品出了多大的问题，而是由于这批产品对操作规范和技巧要求比较高，客户的操作人员在使用的过程中，因为技术不够熟练，才造成了他们的废品率居高不下。

尽管不是自己公司的原因，张涛也并没有把责任简单推给对方后直接走人，而是花了两天的时间，当起了生产线上的"教练员"，手把手教生产线上的工人如何正确使用产品。离开客户工厂的那一刻，曾经训斥过张涛的那位负责人拉着张涛的手，一再表达歉意和感谢。

面对客户的不满，没必要进行情绪对抗，想办法解决问题才是王道。自己能搞定的事情，就全力以赴，想办法去搞定。

为什么很多同样起点的人，工作没几年，差距却越拉越大呢？

因为在职场中最重要的一项能力，就是搞定事情的能力。或许你可以有一百种理由说这个项目你没接触过，那个业务你还不懂。但是公司请你来工作，你就要搞定个人岗位职责中的所有事情，解决其中出现的各种问题。

想办法把事情做完做好，才有可能与公司一起实现双赢。完成不了任务，永远没有借口。

搞定能搞定的事，不抱怨搞不定的事。与其焦虑搞不定的事，不如想办法提升自己搞定事情的能力。那么，在职场中，我们要如何提升自己搞定事情、解决问题的能力呢？

1.以"始"为"终"

目标清晰，明确解决问题的目的，而不是纠结于问题本身。弄清楚要解决什么问题，走哪一条路径最为合适，明确方向后再来挑选解决问题的方法。

2.列出尽可能多的解决方案

尝试着思考所有可能的解决方案，哪怕其中一些看起来有些荒诞可笑。保持一种开放的思维方式来思考眼前的困境，不被条条框框所束缚，发散想法，说不定就能在这样的"头脑风暴"中找到有效的解决方案。

3.培养团队合作精神

合理的分工协作，流畅的沟通与交流，可以极大地提高工作的效率和解决问题的成功率。因此在工作中，我们要主动培养自己的团队合作意识，主动参加团队项目，积极与他人进行分工合作，学习和借鉴他人丰富的经验，学会与同事友好相处，共同完成工作目标。

作为职场打工人，难免会遇到一些靠我们自己搞不定的事情，与其浪费时间纠结焦虑，不如努力想办法搞定能搞定的事，并通过求助可以搞定这件事的人，来最终解决问题。

不因没发生的事而焦虑，也不为已发生的事而内耗，我们才能在日复一日的平凡日子里，找到继续前行的动力。

>>>
允许自己犯错，不必太过自责

曾在知乎上看见有人提问："什么样的人过得最不开心？"其中一个点赞非常多的回答是："把一切错事都归责于自己且长时间走不出来的人，最不开心。"

无论是生活还是工作，我们难免会遇到各种各样的困难，会犯各种各样的错误，但是就像泰戈尔说的，如果你因为错过星星而流泪，那你也将错过太阳。

过去无法挽回，未来还可把握。即使犯了错，也不必过度自责。很多时候，让过去过去，才能让未来到来。

李铭在面对新的工作任务时，常常会变得畏首畏尾。

一次，李铭被领导派去协助一个新项目的推广工作。面对陌生的领域，他感到既紧张又兴奋，内心忐忑不已。一方面，他想借助这样的机会施展自己的才能，不辜负领导的信任；另一方面，他又担心自己无法胜任，影响到新项目的推广进度和宣传效果。

　　李铭反复权衡利弊，迟迟不敢大刀阔斧地开展工作。就在他犹豫之际，项目组的其他成员早已大展身手，李铭的工作成果很快就远远落后于他人，李铭再度陷入煎熬和自责当中。

　　有一次，李铭负责策划一个营销方案，做完方案后，为保稳妥，他想先让几位资深的同事看一下，再交给领导。结果，有人对李铭方案中的一些小细节提出了不同的看法，李铭顿时陷入了严重的焦虑和自我怀疑中。他开始质疑自己的判断是否正确，不知道同事的意见是否应该采纳。

　　经过反复纠结，李铭最终推翻了自己的方案，并按照同事的建议批注修改。然而当方案提交上去之后，领导却说原方案其实已经很好了，并不需要多加改动。李铭这才意识到，自己之前对于同事的小小评价过于敏感，结果反而做了很多无用功。

　　工作中，如果太在意自己犯的小错，过于纠结细节，只会内耗折磨自己。不仅于事无补，还会丧失前进的勇气，变得更加畏首畏尾。

　　记得有位作家曾说过这样一句话："打翻了牛奶，哭也没啥用，因为宇宙间的一切力量都在处心积虑地要把牛奶打翻。"或许，人活一世，总要允许自己把牛奶打翻一次，允许自己可能会犯错。没有人会一辈子不犯错，犯错是成长的一个必经过程。

如果牛奶已经打翻了，清理干净，再为自己倒上一杯就好，而不是一直蹲在旁边，守着牛奶哭泣。犯了小过错，不必过度自责，放平心态，别想太多，下次改正就好，不用太在意别人的评价。

职场中，当每天都笑脸相迎的同事，突然对你爱答不理时，不用着急反思是不是自己的问题，也许对方只是因为没睡好导致没精神，或者早上起晚了匆匆忙忙中撞到了头，抑或是急着喝咖啡时烫到了嘴，挤地铁时摔坏了手机等跟你毫无干系的小事。

当领导收到你的提案后，只简单回了句"等我回复"时，不用过度解读，觉得"等回复"就是委婉地否决，然后在等待的日子里寝食难安。事实上领导可能只是太忙了，需要优先处理其他工作而已。

当拿到领导的修改意见后，看着一堆需要修改的地方时，不用灰心丧气，觉得领导对你的能力产生了怀疑，然后消极地以为自己在领导那留下了不好的印象。事实上这只是一项工作任务，推翻、调整、再推翻、再调整，都是再平常不过的流程。

因害怕犯错而顾虑太多反而会出事，对于这一现象，社会心理学上还有一个专门的术语：瓦伦达效应。

瓦伦达是美国一名高空走钢丝的表演者，他出色的表演能力和稳健的身姿，一度曾使观众惊叹连连。然而，就在一次关乎他职业发展的重要表演前，他绞尽脑汁，钻研每一个动作，每一个细节，夜以继日地训练，每天的神经都紧绷着，每时每刻都在提醒着自己："这次太重要了，不能出错。"结果一向表演稳定的他，很不幸地出了事故。

在职场中瞻前顾后，思虑过多，虽然不足以威胁到生命，但必然会影响工作的心态和效率。如果我们总是在出错后忍不住过度自责，就不妨这么做：

1.及时纠正错误

如果错误已经形成，与其浪费更多的精力用于内疚自责，不如接受现实，及时补救改正。仔细思考并制订一个详细的补救计划，明确解决问题的步骤和纠正措施，认真付诸实践。

2.学会反思复盘

与其自责，不如反思自己究竟错在哪里，复盘自己为什么会出错。仔细回顾出错的过程，剖析导致错误的根本原因，避免下次再犯同样的错误。

3.学会原谅

将工作上的每一次失误视为自己学习和提升的机会和动力，保持持续学习和改进的态度。当我们用心做好补救，竭尽全力弥补之后，就可以选择原谅自己。

逢人遇事，问心无愧就好，其他的事不用太过自责。自省固然是一种美德，但该翻篇的时候能翻篇，也是一种担当。

人只有学会放过自己，才有时间去改善，才有精力去变得更好。

>>>
糟糕的只是一阵子，又不是一辈子

在刷朋友圈的时候，看到了这样一句话："不开心的时候，做个深呼吸。不过是糟糕的一下而已，又不是糟糕一辈子。"我觉得有点治愈，有点喜欢。

有一个朋友，曾在风景区附近开了一家民宿，来来往往的游客很多，店里的生意一直不错。

可是没过两年，经济开始不景气，民宿等很多服务行业都受到了影响。

那段时间，店里没什么客人，可是店面的租金、员工的工资还要照常支付。再加上自身还有高额的房贷要还，各种压力之下，他只觉得痛苦不堪。

后来,朋友关闭了生意冷清的民宿,自己去找了份送外卖的工作。

之前是老板,现在送外卖,心理上多少有些落差,但他很快适应了这份落差。他说,凭自己的双手赚钱养家,并不丢人。而且,糟糕的只会是一阵子,又不是一辈子。

当厄运袭来,我们没有选择闪躲,而是努力去接住它,坦然向前,也许就能在不经意间柳暗花明、豁然开朗。

之前在路上看到过一起车祸,一个大爷骑着电动车,和一位骑着摩托车的中年男子撞上了,好在两人没事。不过,大爷车上的一箱饮料被撞碎了一大半……

两个为了生活奔波的普通人,可能就因为这么一个意料之外的小事故,白白浪费了一天的努力。

然而,等两人相互检查了自己的损失发现无甚大碍之后,竟然就地喝起散落的饮料来,倒也悠闲自得。

是啊,事情既然已经发生了,不如停下匆忙赶路的脚步,喝上一杯。

如果说生活真的教会了我们什么,那就是享受挫折。生活有时候确实有点难,但也远没到山穷水尽的地步。

早上起床，发现上班快迟到了，又赶上堵车，铁定迟到了；到了公司，发现重要的文件忘带了，打开电脑，电脑还死机了，工作似乎一下子陷入瘫痪的状态；好不容易熬到下班，回家的路上突然下起了大雨，没带伞的自己被浇了个透心凉……

生活的困境和挫折总是无处不在，我们难免会在某个时刻陷入沮丧甚至接近崩溃的状态。但是，请记住，糟糕的情况只是暂时的，它并不代表我们的生活将永远糟糕。

记得英国作家莳萝·耐尔曾经说过："不要为不开心的事情浪费太多时间，否则你将错过更多美好的事物。"

今天再大的事，到了明天也是小事；今年发生的大事故，到了明年也只是故事而已。

开心也是一天，不开心也是一天，为什么不尽可能地开心一天呢？毕竟眼前的厄运只是一阵子，又不是一辈子。

突然想起那架在二战中被打成筛子的飞机，即便浑身都是弹孔，它却依然坚持飞行，最终安全返航。没有伤痕累累，哪来皮糙肉厚？那些受伤的地方，最终都会变成我们身上最坚硬的铠甲。

有人说："每一个优秀的人，都会有一段沉默的时光。那段时光是你付出了很多努力，却得不到任何回报的日子，那段时光也叫作扎根。"

在工作中也是如此，总有一段工作经历，让我们觉得备感压力，甚至郁郁不得志。但只要熬过那段时间，总能赢来属于自己的高光时刻。

在看电视剧《平凡的荣耀》时，我就对这点深有感触。

兰芊翊作为名牌大学的高才生，实习期间一直表现不俗，顺利转正后，她被分到了能源组。在那里，兰芊翊非但没有得到赏识，反而一再受到排挤。

面对同事的各种刁难，兰芊翊没有丝毫退缩。她调整好心态，从端茶递水、打扫卫生、整理资料等杂事开始做起，遇到同事不懂法语，她还会主动承担起所有的翻译工作。她认真对待工作中的每一件小事，没有半点敷衍，也没半句怨言。

最终，兰芊翊赢得了领导和同事们的认可，不仅可以参与项目，还得到了去法国进修的机会，并在半年后收到了升职的通知。

所有的"冷遇"都是职场的正常现象，遭遇挫折和困境的时候，要像蘑菇一样，哪怕常年不见阳光，也能蓬勃生长。

1.接纳自己，厚积薄发

当一个人刚进入社会时，最先体会到的社会现实，可能就是发现没有人会围着自己转。当很多事情没有达到自己的预期时，先接纳自己的平凡，暗暗积淀自己的实力，等待厚积薄发的机会。

2.保持心态，随机应变

职场中到处充满竞争，保持一颗强大的内心，随机应变，随遇而安，积极乐观地面对工作和生活，把每一次挑战都当成是一次难得的机遇。

3.从小事做起，坚持不懈

认认真真做好每一件小事，不忽视一点一滴的经验积累，脚踏实地，认准目标，坚持不懈，未来自然可期。

面对生活和工作，心态很重要。作为普通人，遇到困难只有保持蘑菇心态，才能蓄力自渡。

>>>
不勉强自己走远，是因为有更远的路要走

在我认识的人中，辞职后大都会休息一两个月。有些人在结束一段长期熬夜的工作后，甚至会休息半年再去上班。在这期间，他们就以灵活就业的方式缴纳社保，只有比较少的一部分人会无缝衔接下一份工作。

在快节奏的职场，打工人或许只有离职后才能好好休息一下。休息是为了更好地工作，往后余生，还有几十年的班要上呢，如果真的感到十分疲累，不妨暂且休息一下。不勉强自己走远，是因为还有更远的路要走。

一天我刚到家，文月一边端着刚做好的油焖大虾，一边难掩兴奋

地对我说:"你知道吗?小雪现在在家办起了民宿,超级火,都成网红打卡点了!"

看她那么激动,我赶紧帮忙把虾接过来,生怕她一不小心再给烫了。

文月朝我卖了个萌,指着让我垂涎三尺的大虾,半威胁半央求道:"这周末陪我去玩好不好?"我赶紧识时务地点头:"必须的!我对虾起誓!"

小雪是我们的大学同学,那时候的小雪就有些特别。

进入大学的我们,刚刚摆脱了高考的压力,大都开始放飞自我。不是刷剧、打网游就是逛街购物,参加各种各样的社团活动,顺带谈一场风花雪月的恋爱。

只有小雪的爱好有些奇特,她喜欢每天泡在各类建筑景观中,关心植物种植和病虫防害……

开始的时候,大家还比较好奇,直到听她说还要去施工现场干活,便纷纷失去了兴趣,甚至背地里还经常取笑她。面对别人的不解和嘲讽,她并没有过多的解释,似乎也并不在意。

大二那年,小雪通过了转专业的考试,如愿考进了学校的园林设计专业。大学毕业,小雪进入一家园林设计公司,但工作似乎并不是很顺利。据说是那个公司等级森严,论资排辈,小雪的很多新颖的设计理念都不能被实现。

某次放假回家，小雪突然注意到了老家的房子。老房子虽然破败，但周围风景很好，收拾收拾也别有一番风味。

说干就干。小雪在众人的质疑和不解声中，辞去了体面的工作，拿着工作几年以来的积蓄，孤身回了老家。

小雪家的老房子是典型的传统徽式建筑风格，设计改造的第一步是修缮和加固。由于荒芜已久，在常年雨水的侵蚀下，老房子的外墙多有损坏，隐隐有断裂的痕迹。墙角青苔四起，杂草丛生，破败的门窗与脚下的青石砖嘎吱作响。

小雪请来工人，修砌加固了外墙，在保留了原本的石质基座上，用木质的龙骨对内部进行加固。比起钢筋混凝土的都市建筑，修缮完的老房子，显得格外有生命力和沧桑感。

最亮眼的是院落的设计。小雪将院子里的杂草清理干净后，便将原有的植物打理出来，还移植了不少新的花木，修砌了蔷薇篱笆，打造了一处独具特色的花间堂。

小雪一边动手改造，一边将自己的成果发到朋友圈。朋友们看见了，刚开始还偷偷嘲笑小雪裤腿的泥点和被汗水打湿结绺的头发，等看到小雪的最终成果后，都忍不住肃然起敬，纷纷表示一定要来看看，小雪笑呵呵地满口应下。

为了迎接客人，小雪将里屋改造成了几间精品客房，进行Loft风格的布置，不仅充分利用了空间，也保证了现代化的居住条件。她还别出心裁地将一处建筑的外立面拆除，打造了一个餐厅与吧台相结合的公共休息区。

小雪就这样一步步办起了民宿，后来有人将民宿发到了社交平台上，还小火了一把。周围的邻居见此情景，纷纷邀请小雪对他们家的老房子也进行设计改造，于是那一片很快变成了网红打卡点。

小雪不勉强自己在大公司的晋升之路上走远，是因为还有更远的梦想之路要走。

很多人谈起热爱，似乎总是充满了无奈。尤其当这份热爱并不能直接转化为即时利益的时候，坚持似乎就变得没什么意义。

然而，当我们太功利地看待一件事时，往往也意味着我们其实并不是真正热爱它。因为如果真的热爱，就代表着我们要在哪怕没有任何利益价值，哪怕得不到任何人理解，也能打败艰难和懒惰，咬牙坚持，努力证明自己的热爱很有价值。

走在人生之路上，如果不小心扭伤了脚，哪怕并不严重，还可以勉强前行，也请你停下来，休息好了再上路。因为未来还有很远的路要走，不勉强自己，才能走得更远。

>>>
把工作压力关在家门外

周末早上,娥姐接到了公司领导的电话,电话那头领导告诉她,方案出了很严重的问题,现在客户正在大发雷霆。领导在电话里劈头盖脸地对她一顿数落,宣泄着自己的种种不满。

挂完电话,原本心情还不错的娥姐也变得暴躁起来。当看见大女儿还在磨磨蹭蹭地穿衣服时,她忍不住吼道:"磨磨叽叽的,穿个衣服都要那么久,你属蜗牛的吗?"

大女儿当即也不乐意了,顶嘴道:"别念叨了,跟唐僧一样。我已经很快了。出去玩这么开心的事,你为什么这么扫兴!"

娥姐听了顿时气不打一处来,指责起大女儿的种种不是。大女儿也不甘示弱,一番激烈争吵后,娥姐主动退出"战场",决定先去车里冷静一下。结果刚到门口，就听见大女儿大声斥责妹妹，让她赶紧收拾……

娥姐这才意识到，自己在不知不觉中，竟然把工作中的负能量带回了家。而负能量真的会传染，自己的暴躁传染给了大女儿，大女儿的坏心情又传染给了小女儿。最后，整个家都充满了负能量，想开心都开心不起来。

恍然大悟后的娥姐将自己的这件事情经过发在了朋友圈，很多人都表示自己也有过类似的经历。

身在职场，总会遇到一些不如意的事情。很多人都会在下班后，在不经意间，将工作中的种种压力情绪带回家。结果就是，在公司不开心，回到家后仍然不开心，最终两个地方都充满了"火药味"。

曾在书上看到过这样一个故事：美国女作家托尼·莫里森小的时候因为家境贫困，所以每天要到富人家里打零工。有一次，她回家后忍不住向父亲大发牢骚。父亲对她说："你生活在这里，在你的家里，和你的亲人一起。你并不在那里生活，在那里你只管干活，然后拿钱就行了。"

自此，她领悟到了人生的四条经验：

一、无论什么工作都要做好，不是为了老板，而是为了自己；

二、把握你的工作，而不让工作把握你；

三、你真正的生活是和你的家人在一起的；

四、你和你所做的工作是两码事，你该是谁就是谁。

每个人都有自己的心理空间，不顾及他人感受，一味地宣泄自己的情绪，只会让人避之不及。即使是回到家里，也要考虑家中其他人的感受，不能只顾自己发泄而把负能量传给家人。家并不是工作的延续，也不是工作的补充。你在工作中受到的委屈，并不是家人的错，他们并不是你的出气筒。把工作的情绪带回家，除了激化矛盾，让所有人都不开心外，别无他用。

工作是工作，生活是生活，在进家门的那一刻，就要把身份调换过来，不仅不要把工作带回家，而且不要把与工作相关的压力、情绪或者权力规则带回家。因为工作中的规则是合作与竞争，而家的规则是理解和接纳。如果嘶吼能解决问题，毛驴早就统治世界了。

人非草木，有情绪再正常不过，重要的是要有调节情绪的能力。如果你不知道怎么控制自己的坏情绪，不妨尝试以下几种方法，帮助自己从工作状态更好地调整到居家状态：

1.将工作留在公司。下班时尽量不要将工作带回家中，即使是迫不得已，每周也不要超过两个晚上。

2.每天上班后列一个清单，弄清楚哪些是今天必须完成的，哪些可以留到明天再做，提前做好统筹规划，避免下班时手忙脚乱不得不加班。

  3.在家门口的玄关处放一个杂物盒，走进家门后，立即将公文包或者与工作相关的文件袋放到里面，第二天出门前绝不去碰它。

  4.下班的路上，尝试做点喜欢的事情，比如听听音乐，充分缓解工作一天的紧张情绪，将负面情绪消化干净后，再进家门。

  任何时候，一个人都不应该做自己情绪的奴隶，不应该让一切行动都受制于自己的情绪。一个真正成熟的人，最该具备的能力，就是及时给自己的坏情绪来个急刹车。

  说到底，工作是为了挣钱，挣钱也是为了让家人过上更好的生活。如果到头来因为把工作中的坏情绪带回家，而伤害到了家人，岂不是本末倒置了？

  你最该带回家的是快乐，而不是烦恼。

  永远不要带着负面情绪回家，因为你回家的表情，决定了一家人的心情。管理好自己的情绪和健康，人生就已经赢了一大半。

>>> 远离负能量爆棚的同事

东珑最近升职了，趁着这次放假，我们约好出来小聚一下。聊天中得知，东珑现在已经升为主管，对此我表示非常开心，并给了她一个大大的拥抱。

谁知她却突然郁闷起来，她说："本来以为升职是天大的好事，谁知自从做了主管以后，天天脑壳疼。"

我关切地问道："为啥？因为下属不听话吗？"

她无奈地摇了摇头，说："是因为同一个办公室的另一个部门的主管。"

原来，这个主管脾气非常大，整天在办公室里不是吆五喝六，就是唉声叹气，甚至还不看场合、不分时间地抱怨客户太难伺候。这名主管的喜怒无常，经常弄得大家怨声载道、鸡飞狗跳，连东珑都被搞得没心情工作了。

　　正能量会让人精神百倍，干劲十足，而负能量只会让人情绪低落，患得患失。当我们身边有负能量的同事时，自己也会在潜移默化中受到影响。

　　负面情绪是会传染的。美国生物学家爱尔马设计了一项被称作"情绪水"的实验。据说他收集了人在悲伤、生气、难过时呼出的"气水"，注射给小白鼠，结果这些小白鼠无一例外都很快死亡了。爱尔马后来化验了这些情绪水，发现里面竟然充斥着多种有害物质。

　　原来，负面情绪真的有毒，它虽然看不见摸不着，却可以相互传染。如果你不断吸收别人的负面情绪，就相当于在给自己投毒。

　　记得作家尼尔森曾讲过这样一个故事：

　　一名青年因为在一家学校任职，有缘结识了当时的校长，两人一见如故，相交甚欢。闲暇时，便经常约在一起喝喝茶，钓钓鱼。

　　有一段时间，校长陷入了婚姻危机，于是两人的聚会时间慢慢变成了校长的大吐苦水时间。校长说自己的妻子不仅不理解自己的辛苦，还总是看不上自己。

　　刚开始的时候，青年很是同情校长，也想尽各种方法安慰他，开导他。但是次数多了，青年的心情也变得糟糕起来。他的情绪急转直下，甚至开始变得越来越抑郁，校长在婚姻中受的苦好像都变成他自己的了。

在一次校长对他发泄完负面情绪后，青年再也受不了了。在不知不觉中，他走到了学校的楼顶，带着对生活的绝望，纵身一跃。最终，青年用自己的生命，为校长的负面情绪买了单。

这个悲伤的故事虽然有些极端，但是在生活和工作中，我们是不是也或多或少地为别人的负面情绪买过单，最终忽略了自身的快乐？

一个人如果总是想拯救他人的忧伤，消解他人的愤怒，就会把自己搞得特别累。当一个人在内化别人的感受时，就是在给自己的身心强加负担。长时间与人共情，会把自己推向情绪悬崖的边缘，等到不堪重负之日，就是亲手将自己推入谷底之时。

远离负能量爆棚的同事，那些总是沉浸在负能量里的人，往往会变得很局限，他们既不看好自己，也不看好自己在做的事。在负能量爆棚的人眼里，时时刻刻都像是世界末日，你跟他们相处，也会跟着恐慌起来。与负能量爆棚的同事相处，你也会觉得自己的前途渺茫，哪怕你努力鼓励他们，换来的永远只有祥林嫂般的哀怨。所以，除了尽可能远离，别无他法。即使我们被迫要与这样的人相处，也要记得保持自己的职场定力，千万不要因此影响了自己的判断力。

有一个来自农村的"北漂",虽然他的起点比身边的同事都要低,但他每天都是乐呵呵的。他还攒钱买了部相机,经常有事没事就去拍拍街景。几年以后,跟他一起在北京打拼的人要么回老家了,要么还在抱怨中别扭地坚持着,只有他靠着自己的摄影作品获得了十万奖金,然后做起了自己喜欢的事。

所有人都羡慕他的好运气,却忽视了一点,当其他人都在唉声叹气的时候,只有他拒绝被同化,并用积极的行动来对抗生活中的各种负能量。

职场中,我们要如何应对充满负能量的同事呢?

1.拒绝加入

与负能量的同事相处,几乎很难改变他们的心态,与其苦口婆心劝对方看开点,不如尽量远离,拒绝加入他们的话题讨论。比如,周围有负能量的同事总是吐槽公司、抱怨工作、不满领导,你若明确表示出"不想参与讨论"的意思,对方多半也会觉得扫兴,不会再找你吐苦水。刚开始对方可能会对你有些不满,时间长了,就会接受和习惯,而你则可一劳永逸。

2.控制情绪

对自己进行情绪控制训练,增强不受负能量影响的防御力。当你感受到自身有负能量时,不妨提醒自己,不要抱怨、不要沮丧、不找借口……经过一段时间的训练后，一般就可以给自己建立一个"情绪缓冲区"，从而尽可能地避免负面情绪的影响。

3.运用"吸引力法则"

根据"吸引力法则"，你是什么样的人，就会吸引到什么样的人。保持积极的自我，保持独立思考的能力，坚决不发表任何负能量的言论。当你每天充满正能量时，就会吸引到更多积极的人。

乘坐飞机的时候，手机要切断通信讯号，避免飞机在飞行中受到干扰，这便是手机上的"免打扰"功能。

在我们的生活中，也同样需要开启屏蔽干扰的"免打扰"模式，外界的喧嚣，不是所有声音都值得听进心里，也不是所有人都值得在意。

过度地关注外界，是对自己的一种消耗。人生需要适时屏蔽外界的胡说八道。

真正厉害的人，懂得把自己的人生调成"免打扰"模式，并且让身心在那份"免打扰"中得到沉淀，得到修炼。

请记住，你不是谁的救世主，不是非得为谁负责。

永远不要为别人的情绪买单，任何消耗你的人和事，多看一眼都是你的不对。

5 >>>

不要用战术上的勤奋，掩盖战略上的懒惰

>>>
不要用战术上的勤奋，掩盖战略上的懒惰

曾听某电商平台的大佬说，赚钱永无止境，身边的牛人太多了。年轻的时候，他只想赚点小钱，月入过万就可以了；等到后来赚了几百万，甚至几千万的时候，对钱就没什么概念了。这个时候他更想做的是一番事业，比如一个可以存活20年以上的企业。

人的认知和格局会随着财富的增加而改变，赚钱也好，做事业也罢，都要做好长期规划。越急，越不可能成功。

张铭是一个有些与众不同的业务员，他的业绩往往都很好，但他看起来一点"正形"都没有，在他身上也丝毫看不出任何业务上的压力。他总是在每个月月初几天出去跑客户，签下好几单，然后就开始

呼朋引伴，吃喝玩乐。等到月底了，再出去跑几天，又拿回来几张大单。张铭就这样轻轻松松地霸占着"销冠"的宝座。

一次同事聚餐的时候，有人喝多了感慨道："上学的时候，那些好学生特别讨厌，他们太勤奋了，衬托得我好像特别懒惰一样。"有人扑哧一乐，打断道："你本来就挺懒的，不用衬托。"

那人有些不好意思，继续道："哎，别打岔！勤奋型选手很讨厌，但是更讨厌的是天赋型选手——不写作业，也不熬夜看书复习，但回回还能考第一。张铭，你说气不气人？"众人哈哈大笑，张铭知道大家在笑啥，自己也忍不住跟着笑了起来。

有个新同事突然一脸认真地向张铭请教秘诀。张铭回答："其实，你越是着急签单，看到客户满眼冒绿光，越是签不下来。"

张铭喝了一杯后，慢慢解释道："和客户之间的交往，要漫不经心。要跟客户交朋友，帮助他们解决他们遇到的问题。比如客户这周比较忙，放学后没人照顾孩子，我就去帮她把孩子接回来，带着孩子做作业，带着孩子玩，直到客户回家了再把孩子送回去。记住，在交朋友的过程中，越没有利益诉求，效果就会越好。我每个月看似到处瞎玩，你以为我那是不务正业吗？我那也是在工作，我的所有单子都是拜那些'不务正业'所赐。"

原来，最厉害的销售就是没有销售，真正的赚钱高手想的都是怎么"不赚钱"。越着急挣钱，越是盯着眼前的这点利益，越有可能挣不到钱。

不着急，心就会静下来，看事情就更准确，也更不容易出错。不着急，蕴含着大把的机会。把注意力从钱上、从目标上转移开，专注在需要做的事情上，把事情做好，钱自然滚滚而来。

有人说："如果想要收获和努力成正比，就要明白效率这个中介。效率不在于你将多少时间和精力花费在这件事上，而在于你是否懂得如何为此付出努力。"

不是努力没用，而是不讲目的、不讲方法的努力没用，它的安慰作用更大于实际意义，只是无用功而已。说白了，这是在用战术上的勤奋，掩盖战略上的懒惰。

战术上越是勤奋，越容易掩盖战略思考上的不足。而缺乏对战略目标的观察和思考，很难发现摆在面前的核心问题，也很难从现有认知里找到解决问题的有效方法。

要想避免这样的误区，不妨尝试这样做：

1.厘清工作思路

借助任务管理工具如日历、备忘录、提醒功能等，对需要完成的工作进行分类、规划和管理，厘清各项工作的优先级，合理安排好各项工作的时间。制定具体的、可量化的职业目标，包括短期目标和长期目标,确保长期目标与自己的职业规划相符。

2.寻求专业培训

有时候,比起自己绞尽脑汁,想破脑袋也没什么进展,不如去寻求专业人士的开解和帮助。主动寻找一些专业方面的培训,在老师的帮助下,更快地掌握专业技能,从而更好地提高工作效率。

3.保持专注度

多项任务同时进行,不仅容易造成混乱,还会导致压力巨大,从而降低工作效率。尽可能地专注于单一任务,专攻一项,尽量避免同时处理多个工作任务,提高工作的专注度,往往会取得事半功倍的效果。

如今,有些人羡慕别人能够通过自媒体平台实现财务自由,于是便想着自己也去拍一段视频、写一篇文章,也想分流量时代的一杯羹。结果,个位数的点赞量或阅读量将他们拉回清醒的现实。

即便是在自媒体平台,没有经过长期的打磨和锤炼,爆款作品也是不会轻易出现的。

央视曾经报道过一名知乎大V的成功经历,这名大V光是一篇文章的带货销售额就有两千多万。大V在分享他的经验时这样说:"刚开始,我几乎把所有业余时间都用在了回答知乎的问题上,而且只专注于电视机这一个赛道,用了两年的时间,才最终成就了这样一篇文章。"

没有急功近利,没有捷径,只有默默深耕,才能铸就成功。

永远不要试图用战术上的勤奋,去掩盖战略上的懒惰。真正的努力和勤奋并非流于表面,只有勤于思考,找准努力的方向,一步一个脚印,才能有的放矢,事半功倍。

>>>
为自己的"简历"打工,而不是为老板打工

33岁的小陈,通过朋友介绍,进入了一家公司的业务部。业务部的主管虽然也考核业绩,但似乎更重视过程,尤其注重大家工作的"态度"。

小陈每天准时上下班,从不迟到早退,每天打电话的拓客记录以及拜访客户的记录,他全都按时按量完成。所以,哪怕半年过去了,小陈没有任何业绩,主管也没有多说什么,还鼓励他好好干。

就这样又过半年,主管再淡定也有点忍不住了。主管觉得按照他的考核标准,就算运气再差,也不太可能会出现如此糟糕的业绩,于是他仔细调查了下小陈每次拓客录入的数据库。

这一查,主管整个人都傻了,原来小陈在他面前竟然演了一年

的戏！

小陈拓客的电话量是够的，但是有效的基本没有，大多数都记录着"没需要""不感兴趣""接通了，不说话""已经做了"……

拜访记录也是随意填写的。主管随意挑了几个客户打电话回访，对方不是说没人拜访过，就是干脆"查无此人"。

小陈最终被开除了。

这件事对公司来说，不过是赔付一个月的基本工资，成本并不算太高。但是对小陈来说，浪费的却是人生中无论是对于自己，还是对于家庭来说都最为重要的一年。快35岁的小陈，如今再想重新找一个好点儿的工作机会，恐怕是难上加难了。

在职场，即便只是打工人，也千万不要拿自己的时间去糊弄工作。人生只有一次，生命不能重来，请你一定要脚踏实地、认认真真地对待工作。因为我们不只是在为老板打工，更是在为自己的"简历"打工。

这让我想起了我的朋友小昭的故事。

小昭是个工作很用心的女孩，在我的推荐下，她顺利进入了一家知名数码产品公司，做了售后服务的工作。

试用期期间，小昭每天都早早来到公司，帮忙做一些简单的打扫工作，有时候还会细心地给办公室的花草浇浇水，修剪修剪枝叶。在其他同事加班的时候，小昭也会主动去帮一些力所能及的忙，积极地为公司干了很多本职工作以外的事情。

三个月试用期后，小昭毫不意外地被公司正式聘用了。

售后服务的工作性质有点特殊，需要面对的一般都是带着情绪的用户，要处理的麻烦通常也比较棘手，而人的耐性往往很容易被消耗光。比如用户因为自身使用不当，或者自然耗损等原因导致产品损坏，便理直气壮地要求退换货；有的产品已经过了保修期，用户仍然死缠烂打要求免费维修……

一般人在面对枯燥麻烦的售后工作时，多少都会想办法自己给自己减轻点工作量，而小昭却有些不一样。

转正以后，小昭依然一如既往地充满干劲。她不仅耐心对待每一位"无理取闹"的用户，还会在休息的时候主动向维修部的同事请教一些常见的技术问题，以便能为前来咨询的用户提供更快速且更准确的解答。

一年后，老板将资历最浅的小昭升为售后服务部的经理，有人很是不满。老板解释道："很多人只要试用期一过，劳动合同一签，就有种石头落地的感觉，一下就松懈了。我之所以提拔小昭，是因为她把每一天都当成试用期来过。这个部门经理的职位，没有人比她更适合了。"

把每一天都当成试用期来过，才有晋升的资格和机会。不懈怠，不偷懒，为自己的"简历"打工，而不是为了转正、为了给老板打工，才能在职场里飞得更高，走得更远。

不同的工作态度，决定了一个人在职场将会到达的高度。若只为老板打工，工作就会变成一种折磨；而把工作视为自我修行，才会让自己变得越来越强大。

那么，我们该如何调整自己的心态呢？

1.抱着学习的态度对待所有事

在工作中，不管做任何事情都应该抱着学习的态度，将每一次的工作任务当作一个新的开始、一段新的体验、一个锻炼和成长的机会，将自己的心态放平，保持勤勉。

2.主动走出舒适区

在某个岗位上待久了之后，随着经验的累积，对这个岗位的工作内容会变得越来越熟悉，很容易出现工作上的舒适区。只有勇敢走出舒适区，主动接触、学习和掌握更多岗位的工作技能，甚至培养副业思维，才能精益求精，真正做到为自己工作。

3.提升简历的含金量

为自己的简历打工，以丰富自己的简历内容为动力，提高简历的含金量，提升自己在升职或跳槽时候的议价能力，为自己争取更多的权益。

经济学家薛兆丰曾说："每一个人，每一个时候，都是在为自己的简历打工。"

为自己的简历打工，铆足劲儿死磕任务，为公司创造出更多的效益，你的价值自然会水涨船高；而每天上班都摸鱼划水，自然会成为可有可无的边缘人。没有公司会养闲人，如果你每天都在混日子，距离被淘汰出局一般就不会太远了。你以为是自己占尽了公司的便宜，实则是浪费了自己的人生价值。

网上有人把职场打工人分为两种类型，一种是消耗型，另一种则是充电型。前一种往往只涨工龄，不涨本事；而后一种，随着时间的推移，无论是能力还是认知，都会得到极大的提升。如果你是前者，你会发现，所有偷过的懒，躲过的事，都可能变成生活的重压回到自己身上；而如果你是后者，你会发现，工作中的自我投资、自我增值，必将在日后为你赢来丰厚的回报。

>>>
不推脱责任，也别傻乎乎"背锅"

最近我的一个朋友对我说，一想到要去现在的公司上班就头疼上火。我有些诧异，因为她现在的工作也算专业对口，前一阵子还感谢我帮她找了份好工作，怎么突然就剧情反转了？

原来这一切都来源于她的领导——

领导自己没交代清楚要求，在她上交文案后批评她："你写的这是什么东西？我修改了一个小时！"

领导只是转发给她一个表格让她打印几份，事后却被批评："这么重要的数据都不仔细核查，你是不是不想干了？"

领导临时通知开会，却因她没带上某份资料进会议室而埋怨她："我说要开会，你也不提前准备下。"

……

这样的事情多了,她在工作中时常感到不知所措,委屈极了,人也变得消极起来。

其实,谁在工作中不犯错呢?犯了错,无论大小,被领导批评两句都是再正常不过的事情。

虽然有时候这个错也未必有多大,甚至不全是你的错,但可能今天领导心情不好,自己正撞到枪口上,小错也被抓住不放;也可能在办公室跟同事聊天时的一句无心之言刚好被领导误会了……

我自己刚上班那会儿,有次活动后,大家聚在一起闲聊,我随意说了一句:"我习惯用word整理工作,实在不习惯excel,都说它数据整理功能更强大,但我用着就是不顺手。"这话被我当时的直属领导听见了,他突然严肃地说:"年轻人不要轻易说习惯,一旦你说习惯了,就很难有改善和进步的空间了。"我当场羞红了脸,一时间办公室的气氛尴尬不已。

不过后来我还真记住了领导的这句批评,以后再也不会轻易说出习惯什么不习惯什么之类的话了,也积极学习适应了excel的应用,工作起来果然更得心应手了。

面对领导合理的批评,我们并不需要"反击战",不推脱、不埋雷才是明智之举。

在工作中，遭受批评不一定就是坏事，毕竟职场不是学校，没有人有义务把时间花在关怀你的情绪上，如果是合理的批评，就是前辈在教你如何亡羊补牢。

不过，工作中我们不能"甩锅"，也别傻乎乎地帮别人"背锅"。尤其是当这口"黑锅"严重影响到自身职业发展的时候，千万不要忍气吞声。

像上面说的我那个朋友一样，如果是因为领导没有交代好工作，没有规范的工作流程，却总是将出事后的责任推在自己头上，那就需要想想办法解决一下这个问题。比如下次再接到他安排的任务时，仔细询问相关细节；比如跟领导探讨一下会议流程规范……如果试了各种办法，领导依然我行我素，还是喜欢"甩锅"给你，那这样的公司也就没必要再待着了。

有段时间在看电视剧《欢乐颂》，里面就有这样一个桥段让我大为上头。

同事因为感冒身体不舒服，工作做不完，便请实习生小关帮忙。小关不擅长拒绝，也想跟同事搞好关系，便决定加班帮同事做方案。

谁知第二天，同事看也没看，就将小关做好的方案直接交了上去，结果被发现有严重错误。领导找同事问责，同事立马甩锅，说方案是小关做的。于是领导也不问过程，直接把小关狠狠批评了一顿，还厉声要求她赶快修改好方案。

小关原本只是好心，想帮同事的忙，没想到却在无意间背了一口黑锅。这不仅对她造成了不小的打击，还直接影响了她的季度考评和转正。

拒绝"背锅"，是对自己的尊重，也是对职场的尊重。要知道"背锅"这种事，有第一次就会有第二次，如果你一开始就一声不吭，表现出很好欺负的样子，那么未来很可能有背不完的"锅"等着你。

王丹大学一毕业就进了一家大企业，本来一切都很顺利，直到她重新认识了自己的主管刘主任。

一天，集团发通知征集能做活动主持人的员工，王丹因为大学期间一直都在学校社团做主持人，所以想也没想便报名了。集团那边很快通知她过去，但没过多久，又莫名其妙地把她换了。

直到后来王丹才知道，原来竟然是她的直属领导刘主任，因为不满于她"越级"申报活动，便"帮"她拒绝了，还说是她自己不想去了。于是，集团只能重新换了一个同事临时顶上。组织活动的领导还因为这事对王丹的印象特别不好，觉得她很不负责任。

从那以后，王丹觉得刘主任对她的态度一直不太好。她也想跟刘主任解释清楚，但刘主任却说没什么误会，是她想多了。然而，但凡部门里出点什么纰漏，最后都会算到王丹头上。王丹每个月的工资奖金总是比同级别的同事少一些，这让王丹苦不堪言。

一次，其他部门向王丹所在的部门借一批货品，是王丹接的电话，但是整个借的过程她都没有参与。结果中途因为交接有误，少了几件货品，对方部门拒绝承担货品的损失，一口咬定是少给了。最后这个损失又被记到了王丹头上，还要扣她整整一个月的奖金！

王丹这次终于爆发了，特意找了其他部门领导都在的场合，当着所有人的面，将这次借货事件的前因后果条理清晰地叙述了一遍。最后提出了自己的疑问：除了帮忙接了通电话，转达了别的部门的借货需求之后，自己就再未参与过后续事项，不知道公司的哪条规定规定了在这种情况下货品损失应该由一个接电话的人负责？

经过这么一闹，王丹本已做好了离职的准备，但是没想到的是，只有人事部的主任来给她做了做思想工作，这事就这么过去了。

王丹"一战成名"，之后的日子肉眼可见地好了起来，刘主任也不敢随便刁难她了。

职场中，遭受不合理的对待时，我们要敢于说"不"，宁可把话说开得罪人，也不要做谁都可以欺负的老实人。

如果确定我们自己的流程正确，方式方法上也已经做到了该做的，那就没必要一直迁就对方，更不要纵容对方伤害自己。

不是自己接受的所有批评都是自己的问题，沟通无效后也可以选择当面对质，维护了自身的权益后再优雅走开。

当然，如果相对于领导的贬低和打击，你更在意平台的红利、经验技能的提升、薪资报酬和发展前景，也可以选择暂时忍耐，留下来追求自己认为更重要的价值。

只要想清楚自己坚持和忍耐的意义是什么，并且觉得值得，那这些不公正待遇和不合理批评只会成为你前进路上的小小石块，等到自己强大了，就可以踢开。

>>>
偶尔用兼职的心态上班

小宇今年刚毕业,工作后感到特别迷茫和不适应。他觉得每天只要去公司上班,自己就不再是自己了,像一个工具人一样,每天坐在一个小小的工位上,变卖自己的时间和脑力,身心都卖给了资本。

我告诉他,一开始接触工作、进入社会的时候,难免会有些不适应。相当于从读了十几年书的舒适圈中跳出来,进入一个新的圈子,第一次不再依靠父母、老师,而是完全依赖自己,难免会有些无所适从。但只要经历过这样一个阶段,他就会开始变得强大。我还告诉他,我们现在所奋斗的一切都是为了将来过得轻松一点。当然,如果他现在确实觉得压力太大,不妨偶尔用兼职的心态去上班,这样既不影响工作,也能更好地调整状态。

还有一个朋友，工作好几年了，也向我倾诉过这方面的困惑。她说自己每天辛勤付出，任劳任怨，但升职加薪的机会却始终没有垂青于她，她都快找不到努力的意义了。

我也对她说，试一下用兼职的心态去上班，转变观念，将上班视为副业，把提升专业技能视为主业，那么工作便不再是一种压力，而是让自己不断成长的动力。

现代社会节奏较快，年轻人的工作压力大，难免会有身心俱疲的时刻。如果某段时间工作太忙，自己觉得很疲惫，不妨试试用兼职的心态去上班。

所谓兼职的心态，就是拿多少钱干多少事，既对公司负责也对自己负责，尤其是对于不太重要的事情，不追求做到满分，做到及格就好。

一味地过度努力，一头扎进工作里，有时候反而会给身体和精神造成沉重负担，影响工作效率和持久力。

偶尔用兼职的心态去上班，可以让我们更加爱惜自己的身体，明白工作的本质和意义，懂得去平衡工作和生活，妥善安排好工作和休息的时间。

偶尔用兼职的心态去上班，还可以增强对工作的责任感。当我们将一份工作看成是一份兼职时，就不会因为有过大的压力而打退堂鼓，也不会因为工作中的小挫折而影响工作心态。

偶尔用兼职的放松心态去面对工作，反而可以更好地做到不欺骗公司，也不拖累自己。

有人说："很多人工作表现不佳的根本原因，并不是能力不足，而是缺乏情绪能量。"之所以会对工作产生倦怠感，是因为我们忽视了情绪能量的重要性。如果仅仅把自己当成一台创造利润的机器，不再尝试和周围人建立情感联系，不再给自己设立阶段目标，总是习惯性地压抑自己，那么我们就很可能会在工作中痛苦挣扎。

心理学上有一个"不值得定律"，即当个体内心深处认定，自己正在干的事情无法为自己带来幸福感和满足感时，往往就会陷入敷衍应付的状态，而且即使成功，也不会带来太多的成就感。

人在本质上是一种受情绪驱动的生物。相关研究显示，一个人在面对新的机遇和挑战时，能否成功，智力因素仅占15%，而态度因素占了85%。每一个打工人都难免会有职场倦怠期，偶尔用兼职的心态去上班，就是在降低心理预期，减少内心的对抗性，以一种更加理智的状态去做好我们该做的事情。

事实上，那些看起来一直保持着旺盛的工作激情的人，并非没有倦怠期，而是懂得如何快速调整自己的心态。他们会有意识地避免让自己长时间沉浸在消极情绪中，会为自己的工作寻求深层次的价值和情感支点，从而尽可能地将原本消耗在焦虑和抱怨上的时间，高效地转化为对有价值事物的追求和实践中，摆脱自己给自己预设的心理陷阱。

张乐是一个"IT男"，一毕业就进入了一家发展势头强劲的互联网大厂。刚开始他很满意自己的这份工作，可是随着时间推移，他渐渐发现自己的工作任务大多单调重复，那一行行代码似乎永远敲不完。每天面对着电脑麻木地敲十个小时的代码，与同事经常没有任何交流和反馈，感受不到自己所做的事情有何意义，他觉得非常痛苦。

然而在一次加班的深夜，他突然找到了工作的深层意义：每一行精准的代码，都是在为无数个用户节省宝贵的时间；每一个新项目的开发上线，都意味着自己的水平在上一个新的台阶！这样的信念最终支撑着他走出了职业倦怠期。

除了偶尔用兼职的心态去上班外，我们还可以用怎样的方式去给自己储备情绪能量呢？

1.以"游戏心态"去工作

当我们觉得工作特别枯燥乏味时，不妨把它当成一个游戏，每一项工作任务都是游戏中的一个关卡任务。当我们转变视角，以玩家的精神去面对工作，将自己视为职场游戏的主角，领导和同事视为配合我们推进剧情的NPC（非玩家控制角色）时，我们的情绪能量就不会被消耗得那么快。

2.建立个人"激励体系"

人都喜欢愉悦而回避痛苦，但是一份工作的价值和收益，往往并不能马上体现出来，而是有一个积淀期。当我们在日复一日的辛劳工作中，无法获得预期中的回报时，难免会感到沮丧，并产生抵触情绪。这个时候，如果我们可以建立个人的"激励体系"，自己给自己奖赏，就可以有效提升做事的积极性和挑战新事物的勇气。比如做完某个项目就奖励自己吃一顿奢侈的大餐，或者送给自己一件特别想要的礼物，或者奖励自己来一场随心所欲的旅行等。

当我们真正领悟并正确运用兼职的心态去上班，当我们有意识地去储备情绪能量时，就能更好地在繁重复杂的工作挑战中，找到深层的意义和前进的动力，从而从容地去应对各种困难和机遇。

>>>
花时间解释，不如花时间证明

上周，老客户大木让我帮忙给他们公司招聘一名市场部经理。我记得他们公司市场部有一个经理了，还是大木的朋友，便顺口夸道："木总不错嘛，业务这么好，都需要两个市场部经理了。"

谁知大木却有些沮丧："别提了，小周被辞退了。"

大木的这个朋友小周，是大木见公司的发展不错才将他介绍过来的，本意也是想给朋友找个更好的平台。

大木的公司总部在南方，而小周一直都在北方发展，这是他第一次来南方工作。老板知道小周对北方市场比较熟悉，便对小周委以重任，安排他去开拓北方市场，也想借此考察一下他真正的实力。

老板给了小周三个月的时间，刚开始小周还比较卖力，经常出差去考察调研，时不时带些好消息回来。老板也比较满意，总是尽可能地满足小周的需求，帮助他大展拳脚。

可眼看着三个月的时间过去了，北方市场规划的项目始终没落实。而小周对此的解释是，自己刚到公司，还没转正，以试用人员的身份做起事来，多少有些名不正言不顺。老板因为比较看重北方市场，于是很快安排了小周转正。

然而，项目始终没什么起色。小周又开始以成本太高、资金太少等客观条件为由推卸起了责任。就这样，入职半年几乎无业绩的小周最终被辞退了。

大木也曾问过小周，为什么这么长时间都不能完成任务？小周每次都解释说，因为很多条件都不成熟，说来说去都是公司的问题、老板的问题，从来没说过是自己的问题。

大木有些遗憾地对我说："小周在职的这段时间，老板也经常找我谈话，对于小周的各种要求，老板确实也是配合的。可小周不仅办不好差事，还总找理由推卸责任，这让老板开始质疑他的能力。或许刚开始老板还会想办法帮他解决一些客观存在的问题，但是时间长了，老板肯定会觉得他这个人就是不行。不管怎么说，一直找借口留退路，都是一种极不负责任的表现。"

在还未做出成绩之前，过多的解释和推卸责任，只能加速别人对自己的否定。解释的越多，越容易言过其实。越是大张旗鼓，越容易不了了之。

真正能解决核心问题的人，往往务实而沉默。因为"说，未必有用；做，才能还原真相"。

解释是无力的呢喃，唯有行动才能振聋发聩。

充分了解了大木的诉求后，没两周的时间，我就帮他找到了一个合适的人。为表示感谢，大木说要请我吃饭，我假意推迟道："都是老朋友了，不用这么客气……那咱去哪儿吃？"大木哈哈大笑："还以为你要转性……"

大木也是经朋友介绍，进了这家家族式企业，做了人力资源部经理。他们公司的招聘需求比较大，之前也有过合作，一来二去就混熟了。

刚进公司的时候，大木就发现，大家表面上对他客客气气的，但是实际上并不配合他的工作。有些资历比较深，或者跟老板有点亲戚关系的员工，更是连表面功夫都不愿意做，都不给大木一点面子。

对于一个做人力资源工作的人来说，如果大家不愿意配合自己的工作，那么前景可想而知。大木的处境有些艰难，但是他并没有抱怨，而是想办法让大家接受自己。

经过接触，大木很快发现了公司在人事方面存在的一些问题，比如财务主管在公司多年都没能晋升，一直心存不满；行政主管在公司六年了，始终没有加薪，加上他想换套大一点的房子，因此已有跳槽的打算；公司近两年来几乎没对员工进行过任何培训，培训部门形同虚设……

针对这些问题，大木给老板写了一份数据翔实的报告，不仅阐明了当前公司人员的实际情况，还拿出了切实可行的解决方案。于是，在大木一步步地争取和努力下，公司不但恢复了培训机制，还重新完善了薪酬考核制度，很多管理上的漏洞也得到了填补。

自从大木进公司后，几乎每个员工都因他而获益，公司的各项人力成本在大木的合理规划下也在稳步降低。结果，不仅老板经常当众夸奖大木，就连当初对他有抵触情绪的同事也都对他刮目相看。大木这才算是真正在这个家族式企业里站稳了脚跟。

一起吃饭的时候，大木再次感慨道："作为一个外来者，我是幸运的。一个人要想在新公司立足，有所发展，最好的办法就是努力给老板一个满意的结果。多做，少说，不解释。"

实力是最好的见证，也是一个人自信的来源，而实力永远不是用嘴说出来的。就像做菜，菜谱的每一步都烂熟于心还不够，还需要掌握火候的大小，控制口味的咸淡，从准备到烹调，一步步将食材变成食物，总要经历一个复杂的过程，才能变得美味。没有这样的过程，再怎么能说会道也做不成美味佳肴。

行动是最好的语言，一个简单有力的行动，往往比千言万语更有说服力。当我们遭受别人的质疑时，不妨用行动去回应。唯有行动才是最有力的证明，唯有立即行动才能展示我们的决心和实力。

结果胜过千言万语，在这个竞争激烈的职场，结果往往是最直接的证明。当我们取得优秀的成果时，自然能赢得他人的尊重和认可。

我们不能总是期望自己一直有好运气，真正现实的情况是：你有多努力，就有多幸运。

>>>
请告别低段位的奋斗

曾在微博上看到过这样一个段子:"过地铁安检的时候检测仪一直在响,安检的小姐姐让我把所有的东西掏出来再检查,结果还是一直响。她问我是干什么的,我说我只是一个平平无奇的打工人。她说,好家伙,难怪检测出了钢铁般的意志!"

打工人,拥有钢铁般的意志努力奋斗没问题,问题是不要在低段位的奋斗上浪费太多时间。因为在错误的方向上用十分力,还不如在正确的方向上用一分力。

郝杰从一所普通大学毕业后一直没找到合适的工作,便索性先在一家酒店当起了保安,想以保安为跳板,再找机会应聘酒店管理工作。

一次，酒店门口的广场上在举办一个大型招聘会，郝杰便打算去碰碰运气，刚好那天轮到他休班。结果经理却说："这次招聘会虽然不是我们酒店组织的，但是我们也有义务维持好招聘会现场的秩序，你帮忙维持下吧。"

于是招聘会当天，穿着保安制服的郝杰早早地来到招聘现场，他首先跑到自己心仪的几家公司的摊位前，一边递上自己的简历，一边认真对负责人道："我现在是这家酒店的保安，我非常愿意为贵公司在招聘会上提供一些帮助，如果现场有什么事情，可以随时来找我……"

随着时间的推移，招聘会上的人越来越多，郝杰尽职尽责地帮忙维持着现场的秩序。

一家公司的招聘工作人员突然大声喊他："小伙子，能请你帮忙给我们买一箱矿泉水吗？"郝杰二话没说，笑着接过钱，很快就把矿泉水送了过来。

刚想喘口气，另一家公司的招聘负责人叫住了他："能不能请你帮个忙，把这份资料拿到酒店复印一下。"郝杰立马应下。

一天下来，好几家公司都找过郝杰帮忙，不是搬凳子、发材料，就是买饮料、订盒饭。无论事情多小，郝杰都认认真真、尽心竭力地完成了。招聘会结束后，郝杰感觉累得腰都快直不起来了，身上的衣服也早被汗水浸湿了。

但他觉得一切都是值得的，因为他陆陆续续收到了好几家公司的面试邀请，大家对他的印象都不错。然而，等他仔细阅读面试通知时才发现，邀请他参加面试的岗位依然是保安。

他这才明白，一个人如果没有核心技能，满足不了职业要求，哪怕再勤快，很可能也是在做无用功。

曾看到过这样一则新闻：

有家公司实行末位淘汰制，很多员工被裁员后愤愤不平道："我们没有功劳也有苦劳，凭什么裁掉我们？"

老板却回答道："苦劳是无效劳动，实际上是在浪费资源，怎么能算是付出呢？"

这位老板的回答非常扎心，但仔细一想却是人间真实。

有些人看起来勤奋努力，却总被问题绊倒，最终收效甚微；而有些人看起来轻松随意，却总能抓住机遇，收获颇丰。这一切看似是运气问题，实则是选择问题。

比懒惰更可怕的，是低段位的奋斗。

职场中有些人虽然很勤快，每天来得早走得晚，做起事来也很是积极主动，但是工作效率太低，甚至做不出符合基本要求的成果，那么这种勤快就是一种低质量的勤奋。比如人家一两个小时就能干完的工作，他们忙活了大半天也没摸清门路，不讲方法，再勤快又有什么用呢？

事实上，那些很勤快，服从性又高但没有自己核心竞争力的人，领导更多的是会"利用"，而不是"提拔重用"。因为那样的人并不能带来核心价值，也不能独当一面，甚至不能帮领导解决实际问题。比如公司筹办客户见面会，那些布置见面会场景的人，哪怕忙得团团转，领导一般也不会多看几眼，最多关注一下最后的布置效果。而通过这次见面会，与客户成功签下合同的人，才是领导真正看重的对象。

人与人之间的最大差距不是能力，而是对自己想要的东西是否有足够清晰的认知。

人们常说：越努力越幸运。因此你起早贪黑地埋头学习，为琐碎小事忙得脚不沾地，却忽视了最重要的思考复盘。结果，看上去十分卖力，却始终无法提升能力；消耗了大量的时间，事情依然没有什么进展。

那么，该如何避免陷入低段位奋斗的陷阱中呢？

1.剔除不重要的事

根据事情的优先级合理安排时间，优先级高的先做，重点做，多花精力和时间去做；而那些优先级低的可以放到后面再做，花费少量的力气去做。有效的努力，就是剔除次要的事情，优先找到最重要的事情，而后全力以赴。

2.调整努力的"姿势"

根据工作反馈，做好反思总结，及时调整自己努力的方向和方法。确保方向正确，才能慢慢靠近目标，否则南辕北辙，只会得不偿失。

3.学会休息，注重效率

只有休息好，才能工作好。通过放松或运动的方式，确保自己得到了良好的休息，然后以更加饱满的激情和精力更好地投入工作中去。

作家张萌曾说："高水平的努力，是思维升级，是以同样的努力，获得数倍的成绩。"与其像热锅上的蚂蚁一样急得团团转，不如厘清思路，冷静分析，找到核心问题后，再去有条不紊地处理；与其像狗熊掰棒子一般，走马观花地学习，不如选好方向深耕，真正提高自身的实力。

告别低段位的奋斗，升级做事的思维方式，才能不辜负自己的每一分努力。

>>>
别让自己失去停下来的能力

东珑毕业后选择留在大城市打拼,她工作能力强,薪资待遇也不错,本该成为家里后辈学习的榜样。但她每次回老家都要被"教育"一通,尤其是过年的时候,七大姑八大姨总会轮番上阵:

"女孩子跑那么远干吗?""考个公务员,留在爸妈身边有个照应多好。""你年纪也不小了,该结婚了,年纪大了生孩子都不好生!""女人最重要的还是家庭,不要当女强人……"

在老家的亲戚朋友眼里,只有公务员或者老师等体制内的工作,才是正儿八经的职业,只有进国企才是唯一正确的出路。女孩子到了年纪就该结婚,然后相夫教子。

不过好在东珑有一个特别宠她的爸爸,帮她顶住了大部分压力。

她有时候也会有些惭愧，觉得自己不是个好女儿。

我问她："那你后悔过吗？"

她笑了："当然没有。"

找一个什么样的人，做一份什么样的工作，买一个什么样的房子……过来人总是用不容置疑的口吻，向我们描述着一种标准模板的人生。他们好像忽略了，我们对于只有一次的人生，也有着自己的想法。这样的人生可能与他们的期待截然相反，可能不符合主流社会的既定流程，却是我们真正想要去体验的。

东珑给我讲了她朋友兰心的故事。

兰心毕业没几年就做了全职太太，而且一做就是八年。期间东珑也有些担心她，让她做点别的打算。但是兰心却觉得，孩子太小，想多花点时间陪伴孩子成长，再加上为了避免在育儿观念上和老人发生冲突，兰心最终还是决定自己全职带娃。

等到孩子上小学以后，孩子既懂事又优秀，而且越来越独立，对她的依赖也逐渐减少。于是，闲下来的兰心决定重返职场。

看着曾经的同学、旧日的好友，一个个发展得都很不错，她并没有觉得自卑，而是拿出全职妈妈24小时超长待机的毅力，一举拿下了心理咨询师资格证书，成为一名心理咨询师助理。

而后她再接再厉，继续学习了心理咨询硕士的课程。如今，她自己开了个小型的咨询工作室，帮助年轻女孩们解决人生中的各种困惑。

无论什么时候，无论别人怎么评价我们，也别让自己失去停下来的能力和随时开始新工作的勇气。

有一种高级的自律，叫作"暂停"。

作家蒋勋曾说过："最美好的生命，不是一个速度不断加快的生命，而是速度在加快跟缓慢之间有平衡感的生命。"很多事，急不来。

唯有慢下来，甚至停下来，才能感受到生命本来的样子。有时候，慢就是快，停下来也不代表要走下坡路，而是歇息片刻，恢复体力，为了更好地攀爬。

会休息的人才会工作，有停下来的能力，才有随时扬帆起航的魄力。

想起朋友庄庄曾跟我分享过的一段经历。

刚毕业那年，她和一个同样毕业于"211院校"的女孩一起进入了一家银行实习。

为了争取转正，庄庄每天都在拼命工作，除了吃饭和上厕所，几乎没有离开过工位，还常常加班。

而一起实习的女孩，相比而言就显得轻松很多。她每天都准时下班，中午休息的时间也看不到人影，直到下午上班才会出现。上班期间，她也常常借着喝水、上厕所的由头溜出办公室。

庄庄心想，她肯定是转不了正了。结果却出人意料，实习期结束，领导反而留下了那个女孩。

庄庄后来才知道，女孩"溜号"并不是真的在偷懒，她每次溜出办公室，都是因为发现自己专注度开始下降了，为了保证效率，她才走出办公室放松一下。事实上这种张弛有度的工作节奏，反而让她的工作效率更高。

很多时候，拼命工作并不是能力强大的体现，懂得停下来休息才是。拥有停下来休息的能力，对于高效率地工作，就像是充电器对于手机一样，必不可少。

真正厉害的人，最值得我们学习的，不是工作时的拼命劲儿，而是懂得适时休息的"懒劲儿"。

工作中，我们要学会充分利用休息时间，让自己拥有停下来的能力，从而真正提高工作的效率。

1.运动十分钟

充分利用休息的时间，进行一些简单的体育运动。有数据显示，仅仅十分钟的运动就可以让身体在一天的剩余时间里，提高记忆力、注意力以及认知能力。根据自己的喜好和工作环境的条件，选择在休息时间散步十分钟、去健身房锻炼十分钟、爬楼梯十分钟都可以帮助你在接下来的工作中保持良好的状态。

2.小睡一会儿

中午如果有休息时间，可以充分利用这段时间小睡一会儿。带上眼罩和耳塞，或者找一个尽可能安静和黑暗的午睡空间，有条件的话可以躺下来休息，没条件的话就尽可能保持睡姿舒适。午睡20~30分钟最为合适，避免睡太久反而醒来时昏昏沉沉。

3.及时补充食物能量

在较短的工作休息时间里，可以通过吃喝一点东西，帮助自己恢复精力。比如冲泡一杯咖啡或茶、吃一点富含蛋白质的零食、喝点柠檬水补充水分等。注意避免在工作时间内吃垃圾食品，因为它们只会让你更加筋疲力尽。

努力奋进是种可贵的品质，但是会"暂停"，更是一种难得的智慧。

>>>
做好随时跳槽的储备

家里的宽带网络又掉线了,文月让我赶紧喊小刘来修,别耽误她给乘风破浪的小姐姐们投票!我无奈地摊摊手,满脸遗憾地告诉她,小刘已经不干了。

小刘是我们这一片的网络维修员,因为我家的网络总出问题,身为电脑小白的我和文月,一来二去便跟小刘认识了。我还特意留下了小刘的电话,有点网络故障就去咨询他。

小刘人很友善,每次都很热情地帮忙解决问题,丝毫没有不耐烦的意思。有时候我们也会聊些家长里短,据我所知,他每天工作都很辛苦,经常要工作到半夜,就为了那100块不到的加班费。

有一次,家里的网络坏了,我像往常一样给小刘打电话,结果却被告知周末不能来了，因为他要考托福。我心想我都没考过呢，你一个维修工也能考过吗？考托福干什么？是要出国吗？虽然我满腹疑问，但电话里也没好意思多问。

又过了一段时间，家里的网络再次出现故障，这次报修后没多久，小刘就上门维修了。没等我开口，他便开心地对我说，托福他已经考过了，他就要去加拿大念书了，以后都不能来了。

我震惊不已，随口问道："怎么突然想起来去加拿大念书了？想上学，国内也有挺好的学校啊！"

他有些害羞道："因为我对象在那啊，我就想过去陪她一起。光是陪读的话，我怕两人的差距会越来越大，没有共同语言了，所以我也想像她一样考过去，这样我们的差距就不会太大……"

讲完小刘的故事，我不禁一阵感慨。文月告诉我，其实这样的人挺多的，她们办公大楼的电梯里也有一个这样的女孩。

女孩是个电梯工，年纪不大，衣着朴素，从不化妆，扎着一个高马尾，干净利索。每天拿着一个水杯，抱着一本书，在电梯里上上下下。没有人在意过她在看什么，也没有人关心过她住哪里，工资多少，看这些书是要干什么，除了学这个还在学什么。

后来，她消失了也没人问过一句。再见到她时，她已经穿着职业套装，匆匆忙忙地跑进一个写字楼里。

不要嘲笑那些比你拼命比你努力的人，也不要理会那些嘲笑你拼命努力的人。养成勤奋的好习惯，提升自己的能力，就是你随时跳槽的底气。

很多人从很小的时候就被长辈们告知，一定要好好读书，将来考个好大学，毕业后分配个好单位，端上铁饭碗，这辈子就吃穿不愁了。然而等到大学毕业，分配制度早已取消，打工人只能拿着简历四处求职。

在职场摸爬滚打好几年，前后换了好几份工作之后，我们才逐渐悟出这样一个道理：这个时代不再有铁饭碗了，没有什么工作是足够稳定的，要做好随时跳槽的储备。

刚参加工作的时候，有个前辈曾对我说过这样一句话："无论哪个行业，没有专业能力打底，大都长久不了。"

他还给我讲了这样一个故事。

一家网络公司遇到了一个技术性难题，所有的技术员聚在一起商议解决办法，始终都没有实质性的进展。没办法，老板只得花重金请了某个大公司的技术大牛过来帮忙。技术大牛不负众望，熬了几晚，问题便一一解决了。

事后，老板向这位大牛抛去了橄榄枝，大牛当时拒绝了，毕竟自己所在的大公司也待很久了，多少也有点感情，而且各方面也比较适应。

然而，半年后，大牛所在的部门因为种种原因，裁掉了好几名员工，这就导致原本七八个人干的活，落在了四五个人身上。大牛觉得太累了，便主动辞职，去了这家网络公司担任技术总监，福利待遇跟之前在大公司时相差无几。

身为职场打工人，实力才是硬道理，过硬的实力永远是自己随时跳槽的底气。

人在职场，要么遇到自己喜欢的工作，要么让自己喜欢上正在做的工作。前者可遇而不可求，后者往往才是大多数的现状。

而且，我们喜欢的工作，很多时候也只是暂时喜欢，时间长了，腻了烦了后仍然会有跳槽的冲动。或者所在公司本身发生了改变，我们也会遇到不得不离开的情况。

与其等着工作淘汰我们，不如主动求变，做好随时跳槽的储备。

1.学一门靠谱的技能，不断提升自己的核心竞争力，增强自己的不可替代性；

2.认识一些靠谱的人，能够随时关注行业动态和与自己工作有关的招聘信息；

3.保持积极主动的心态，培养成长型思维，敢于面对各种机遇和挑战，学会随机应变。

一个人只有保持随时离开的能力,才可能过上有尊严、有选择的生活。

当你沉下心来,把一项技术做到行业顶尖水平,那么无论你跳槽到哪里,都会备受欢迎。

6 >>>

打工只是游戏副本，
你的主线任务是好好活着

>>>
人生是旷野，不是轨道

我曾看到过这样一个故事：

小潘来自福建的一个农村，大三结束后，21岁的他对未来感到迷茫，于是选择休学一年，去青藏高原做起了长江源头生态环境保护志愿者。一个多月后，小潘按照先前的规划去了澳大利亚游历。

小潘在澳大利亚的第一份工作，是在墨尔本旁边的一个小镇上剪葡萄。为了能多挣点钱，小潘工作很努力，十根手指头都受过伤。

后来，小潘在凯恩斯的热带雨林捕虾时，每天工作时间甚至长达18个小时——从早上7点开始工作，一站就是一整天，最晚会到次日的凌晨1点。

小潘每到一个新城市都会先找一份新工作，等攒够了钱就会去下一个城市。用小潘自己的话说就是："诗和远方需要门票嘛！"他靠着这样的方式环游了整个澳大利亚。

一年后，小潘回国复学，并进入一家互联网公司实习。大学毕业后，他又回到新西兰工作了一段时间，在那儿摘樱桃、送外卖、送快递。因为他想抱着多体验的心态，尝试更多不一样的工作。

结束了新西兰的旅程后，26岁的小潘来到英国读书，并在27岁的时候成为大英博物馆的一名讲解员。

对于家里没钱却想要出去看看外面世界的普通人而言，一般都会认为出国留学这件事与自己无关；仅凭自己打工干体力活，攒够留学费用，更是一件想都不敢想的事情。但是小潘却做到了。他觉得不应该给自己的人生设限，毕竟人生不是轨道，而是旷野。

小周和小潘一样，也是一个有着留学梦的小镇做题家。

家境贫寒的小周，考上县里的一所重点中学后，不得不借住在小姨家里。虽然小姨已经尽力照顾小周了，但寄人篱下的日子始终不好过。不懂事的表弟总会突然发脾气："你没有家吗？"半夜上厕所有时也会听到小姨和姨父好像因为自己在低声吵架。

好不容易熬到高中，学校终于可以住宿了。为了不再给小姨添麻烦，小周主动放弃了重点班，赶忙报名了住宿班。

住进学校宿舍后，小周白天上课，晚上等宿管阿姨查完房后便溜进厕所，继续做题；天还没亮就起床背英语单词。同宿舍的女生都笑她是个只会死记硬背的书呆子。

高考一结束，小周便开始打工攒上大学的费用。她在餐馆里端过盘子，在大街上发过传单，甚至大夏天穿着厚重的玩偶服跟小朋友拍照。只要能挣钱，再苦再累，她都愿意干。收到重点大学录取通知书的那天，她还在后厨忙着刷碗。

步入大学后，小周也没松懈过，她一边认真上课，一边兼职做家教，努力攒生活费。当同宿舍的女生聊起大学毕业后去英国读书的事时，小周小声问了句："那得多少钱啊？"舍友轻飘飘地回复道："也就是十几万吧。"小周被吓得再也不敢多问了。但是，从那时开始，小周便有了一个"留学梦"。世界那么大，她也想去看看。

大三那年，小周争取到学校的英国交换生名额，她第一次踏出国门，见识了一个不一样的世界。从英国回来后，小周就下定决心将来还要去更大的世界看看。

大学毕业后，凭借着做交换生的经历和出色的口语，小周如愿进入一家知名的外企工作，并在两年后飞去美国继续读研。

开局是"烂牌"，并不意味着就一定会输。只要有谋略有胆识有行动，再加上一点运气，也能赢得属于自己的胜利。

美国作家海伦·凯勒说："我们最可怕的敌人，不是怀才不遇，而是我们的踌躇,犹豫。将自己定位为某一种人,于是,自己便成了那一种人。"

人生的旅途并不是沿着一条固定轨道前行的,它充满了各种不确定性和变化。有些人选择把自己的人生固定在一条轨道上,然后还对自己说"我这是身不由己,都是命",这多少有点自欺欺人了。

在电影《普罗米修斯》中,机器人费法对正在逃亡的主角说:"人生是旷野,不是轨道。"我们可以精确地计划好一切,但是谁也不知道未来会发生什么,谁也无法保证明天和意外哪一个会先到。而人这一辈子,终究要自己成全自己,当意外来临,使你原本的计划偏离轨道时,不要慌张,再重新规划一条道路就行了。

同样来自小县城的一个男孩,从小学习成绩就非常不错,高考时他也不负众望,如愿考上了一所知名大学。

正当邻里乡亲都觉得这孩子将来必定大有出息的时候,快大学毕业的他瞒着所有人做出了一个"疯狂"举动:他骑着自行车,从学校出发,历时一个月,回到了县城老家,然后再也不回学校了。

此时,所有人都觉得他这辈子算是毁了,他的父母也只能每天唉声叹气,恨铁不成钢。然而,只有他自己知道自己想要的究竟是什么,而学校的生活对他而言有多煎熬。

后来,他去北京打工,做起了摄影助理,哪怕有时候还要去餐厅兼职，他也觉得特别开心，每晚都能睡得很踏实。

再后来，他接手了一家摄影店，遵循着自己内心的声音，过着充实的生活。

念书的时候，我们一直被传统观念推着走，上课、考试、升学，成绩是我们唯一的包袱，却常常使我们不堪重负。其实，只要读些好书，学些安身立命的真本事，即便没有很高的学历，在别的赛道上，我们也同样可以成为生活的强者。

很多时候，当我们看见一个人没在所谓既定的人生轨道上行走时，就会说他在走"弯路"。殊不知，那些弯路也许就是他的"正途"。

北大学生毕业后卖猪肉，名校毕业生去摆路边摊，高才生做起全职主妇……生活本来就具有多面性，每个人都有自己认同的生活方式和生存价值。人不是非要选择旁人看起来能"一帆风顺的捷径"，如果你忽视自己内心的真实想法，那些所谓的"捷径"多半还是会变成"弯路"。

永远不要拿别人的尺子来丈量自己的人生，也别在别人的地图上规划自己的旅程，每个人都可以有属于自己的绚烂人生。

毕淑敏说："我不相信手掌的纹路，但我相信手掌加上手指的力量。"如果你不喜欢命运给你安排好的一条既定轨道,那就自己去给自己开辟一条新的坦途。

在人生的旷野上,按照自己的节奏和喜好去生活,用脚去丈量属于自己的那片土地,勇敢地去尝试每一个想要的选择,去体验,去感受,才能不负年华韶光。

>>>
上个班而已，不要内耗自己

同事有一个刚高考完的表妹，暑假去了一家连锁的比萨店打零工，成为一名点餐员。

一次，她遇到一位女士带着一个小孩子来点餐，当女士提出"因为孩子不喜欢，所以焗饭不放奶汁"的要求时，她满口应下。

没过一会儿，经理黑着脸走过来训斥她："焗饭要放进烤箱的，不放奶汁没法做，会烤煳的，你不知道情况为什么不先问下我？"表妹顿时羞愧不已，默默地低下了头。经理无奈，只得向顾客说明了情况，顾客表示既然做不了，这道菜就退了吧。

同事说，这家店是连锁企业，对退餐这方面要求比较严格，每个月的退菜是有数量规定的，一旦超过规定，店长还要写报告向总公司说明情况。表妹因为自己的一次失误，给大家添了不必要的麻烦，为此自责了好几天，觉也睡不好，饭也吃不好……

工作中，不少人会因为犯了点小错而过度自责，觉得很羞耻，其实这根本没有必要。偶尔犯点小错并不是什么丢人的事情，毕竟人非圣贤，孰能无过？有错吸取教训，改了就行，没必要在精神上内耗自己。

在看脱口秀节目的时候，脱口秀演员呼兰说过这样一句话："躺有躺的价格，卷有卷的价格。"职场打工人，请一定明确自己的职责范围，认真完成好自己的本职工作，对得起公司支付给我们的薪水。同时，请注意提醒自己，不要因为老板的过高期待和同事对你的评价，就内耗折磨自己。

39岁的赵敏是一家外企的人力资源主管，她所在的公司，每两年就要换一批人。十几年来，她反复招人、裁人，这让她心力交瘁，觉得自己越来越冷漠。有段时间，她感觉自己都要抑郁了，每天压力特别大，上班的路上甚至一边开车一边哭。

休年假的时候，因为一次偶然的机会，她走进了一家图书馆，没想到在里面一待就是一整天，所有的烦恼似乎都消失不见了。在这里，她不用和任何人说话，这让她觉得愉快极了。打那以后，她一有空就往那家图书馆跑，后来她甚至还在那里做起了志愿者。

上班是为了去工作，工作也许适合你，也许不适合你，但无论哪种情况，你都没必要内耗自己。工作只是手段，生活才是目标，调整心态，充实自己，阴霾自会一扫而空。

职场中，拒绝内耗的方法其实有很多，我们不妨学习一下相关的技巧。

1.劳逸结合

工作累了，效率降低的时候，不妨暂停，休息一下，让自己的身心喘口气。正所谓"偷得浮生半日闲"，这种"闲"更多的不是指工作状态，而是指放松的工作心态。我们在工作之余，要学会给自己适当地"放个假"，劳逸结合。

2.停止比较

习惯跟同事比较，只会让自己焦虑不堪，压力巨大。精神内耗很多时候都是因为将精力集中在错误的、没意义的事情上了，停止比较和攀比，把精力集中到提升自我上，工作就会轻松很多。

3.行动起来

出了事，与其在脑子里担惊受怕，不断回想，不如想办法一步一步处理问题。如果问题过于棘手，就想办法拆解难题，一点一点解决。当你开始行动以后，注意力也会得到转移，就不会再沉浸在消极的情绪中，而是会投身于积极的行动中。当你勇敢地迈出行动的第一步，往往也会发现，事情也没有想象中的那么困难。

4.提升能力

不断学习和提升自身的能力，总结自己和他人的工作经验，学会用发散思维解决工作中的难题，快速适应职场中出现的变化和挑战，从而减少精神内耗的发生。

5.建立良好的人际关系

职场中的人际关系往往会影响我们的情绪和工作效率，和同事建立起良好的关系也有利于减少内耗。充分地沟通，增强信任感，加强合作，避免在工作中可能会出现的矛盾和摩擦，从而减少职场内耗。

>>>
要努力，但不要急功近利

曾有个朋友托我给她刚毕业的妹妹介绍一份工作，于是我根据小姑娘的学历和能力给她找了一家还不错的公司。公司安排她先从打杂做起，让她先在文宣部学习学习，做一些简单的资料搜集和文案整理的工作，慢慢熟悉公司的运营模式。

结果没几天，她就让她姐姐跟我说不想干了。原来，她觉得现在的工作杂事太多，自己精力不够，而且觉得目前的工作内容不太适合她。当然最直接的原因，是她一直想去市场部，现在却只能待在文宣部做些她不感兴趣的工作，她认为自己的能力受到了限制，才华被埋没了。

事实上，再小的公司，也需要一定时间去学习和了解，才能熟悉公司的定位和产品的特点。刚毕业的学生，进入一家公司，对公司在业内的地位、客户现状都没什么了解，就希望直接跟着市场部做调研，做产品规划，其实是不太现实的。

以她的能力，如果能坚持坚持，再经过一段时间的项目策划和推广方面的培训，得到切实的锻炼和宝贵的经验，进入市场部工作是没问题的。可她偏偏心浮气躁，听不进去劝，早早打了退堂鼓。

同样是刚进公司就打杂，有些人的态度则完全不一样。有次去参加一个行业内的交流会，遇到一个公司高管，她跟我们分享了她在大公司打杂了近两年的经历。

她说她当时所在的公司，不论你是什么学历背景，刚进去都要从基层做起，像端茶、倒水、泡咖啡，购置办公用品，辅助其他人搜集资料等与本职工作关系不大的杂事也要去做，绝不可能一下子就让你上手核心项目。

公司会让新员工从最简单的搜集资料和整理客户信息这些小事开始，一方面是考察员工的工作态度，另一方面也是为了让员工慢慢了解公司的业务流程以及工作环境。即便是跑腿这种小事，员工也能在走动中对公司的组织架构、各部门的关系，以及各部门的工作内容和资源分配有一定的认识，而这些都能为日后的工作打下坚实的基础。

加拿大作家马尔科姆·格拉德威尔在《异类》一书中写道:"人们眼中的天才之所以卓越,并非天资超人一等,而是付出了持续不断的努力。一万小时的锤炼是任何人从平凡变成超凡的必要条件。"

很多事情,急是急不来的,在任何领域,要想有所突破,都需要稳扎稳打,一步一个脚印。

下班回家的路上,在电梯里碰到了邻居李梅,她看起来心情不错,看样子她们公司的裁员行动并没有波及她。

李梅在一家互联网公司上班,虽然她只是一名普通的运营人员,但是公司的发展前景不错,上升空间很大。李梅每天勤勤恳恳,对未来充满了憧憬。

突然有一天,一起上下班的同事张弛被提拔了,这给她带来了不小的波动。论资历,她比张弛入职还要早几年;论能力,张弛也会经常请教她一些专业上的问题,但是最后被提升的却是更年轻的张弛。李梅始终想不明白自己到底差在哪了。

想不通,索性就不去想了。既然张弛已经升职了,李梅也坦然接受,除了本职工作外,她还主动协助张弛,帮他分担一些事情。

后来,听说运营部要重组,公司也要裁一批员工,李梅心里也做好了被裁掉的准备。然而当裁员名单出来后,李梅发现自己并没有被裁掉。李梅以为是张弛帮了忙,便向他表达感谢。没想到张弛却说:

"我没帮什么忙啊,是领导看到了你的工作态度和能力,这是公司做的决定。"

公司需要的永远是能给自己带来最大化利益的员工,持续不断、脚踏实地的努力,最终都会有好的结果。不急功近利,不计较个人得失,会为公司着想的员工,永远是老板最喜欢的员工。

职场中有些人,尤其是刚毕业没多久的年轻人,有时候会缺乏耐心,多少有些急功近利的心理。然而欲速则不达,请刚入职场的年轻人记住这句话。

那么,该如何克服职场中的这种心理呢?

1.树立长远的目标意识

对自己的职业规划要有清晰的思路,确保目标明确、具体可行,并根据行业未来的发展趋势,为自己的职业生涯做好计划和准备。树立长远的目标意识,坚守自己的价值观,不被眼前的利益所迷惑。

2.注重细节和实际效率

不忽视工作中的任何一个环节,精益求精,既要保证效率,也要注重品质和可持续性。严格控制自己的时间观念,平衡工作和生活,合理安排好时间,保持心态的稳定和健康,从而保证高效的工作状态。

3.培养耐心

通过冥想、瑜伽等方式,提高自己的耐力和心理素质。利用空闲的时间学习一些新技能，如烹饪、绘画、乐器等，充实自己的生活，保持积极平和的心态。

4.拓展社交圈

积极参加社交活动，主动结识新朋友，拓展自己的人际圈子。参加社交活动可以让我们更加了解社会和他人，并增加生活的乐趣，开拓自己的眼界。

盲目地追求短期的回报，而忽略了长远的发展，只会得不偿失。

打工人，你要努力，但千万不要急功近利。

>>>
身体是革命的本钱

我曾经做过一份写网文的兼职工作,每天下班后都会利用休息时间写作,周末更是没日没夜地写。结果,因为长时间的伏案工作,我得了颈椎病。

刚开始的时候,只是有些肩颈疲劳,休息一下就好多了,后来直接发展到脖子连头都支撑不起来的地步。我这才赶紧强忍着酸痛,顶着被折磨出来的黑眼圈去医院挂了号。

医生按照以往的惯例,安排我去做了颈椎牵引。从牵引绳上下来后,还没走出诊疗室,我就感觉到一阵眩晕,差点没吐出来。我下意识地抓住了旁边的栏杆,这才没摔出去。站稳以后,我大口喘着气,感受着心脏剧烈地跳动,身边的一切似乎都模糊了起来。

过了好一会儿，我才缓过神来，想起刚才的情景，不禁一阵后怕。我还没来得及好好享受我的人生，如果就这么交待在这里，该是多么遗憾的事。

当天回家后，我就把计划表上"攒够五万去马尔代夫"的目标删除了，同时果断地辞掉了兼职的工作，每晚10点准时上床休息。

如果没了健康，我恐怕连去门口的超市都费劲，更别提去马尔代夫了。就算马尔代夫50年后会消失又如何，如果我继续这样下去，自己可能会比马尔代夫提前消失。无论如何，我都应该先把自己的身体照顾好。

这些年经常听见有人说："没有等出来的财富，只有拼出来的未来。""年纪轻轻不奋斗，等老了再来后悔吗？""生前何必久睡，死后自会长眠。""不奋斗，跟咸鱼有什么两样。"不少人的电脑屏幕上、手机屏幕上，可能也都出现过类似的激励话语，时刻提醒着自己要努力、要奋斗。就算很累很疲惫，也不敢休息，生怕业绩落后，生怕客户被抢，生怕错失任何升职加薪的机会，以至于压力再大，也似乎没有喊苦喊累的资本，然而身体的损耗却在一天天积累。

生存焦虑无处不在，在"拼命文化"的鼓吹之下，有些人几乎毁掉了自己健康。什么肩周炎、颈椎病、腰椎间盘突出、高血压、糖尿病、脂肪肝等，那些原以为上了年纪的人才会得的毛病，开始悄悄找上了现在的年轻人。

前段时间,"80%的90后不敢查看体检报告"的话题突然登上热搜,大家给出的原因和网友的神回复也有点扎心:"不用看,天天晚上熬夜刷手机,我的身体什么样我自己心里没点数吗?""吃那么多甜食,整个人越来越臃肿,想想也知道不健康。""早就觉得自己的身体状况不是很好了,就怕万一查出来点什么病……"

犹记得前几年的时候,一批又一批"90后格式"的文章也曾在朋友圈里各种刷屏,什么"第一批90后已经秃了""第一批90后的胃已经垮了""第一批90后的腰已经老了"……

其实,不止90后,很多00后也开始一边疯狂无度地挥霍着健康,一边又在面对体检报告时怕得要死。这让我想起了公司新来的00后实习生小李的经历。

小李像很多积极上进的年轻人一样,刚毕业进公司,便总想着拼了命去工作,好证明自己。于是经常能看见她饿着肚子加班到很晚,奋战在工作的第一线。等她一忙完,无论多晚,都会毫无节制地大吃大喝,什么火锅、奶茶、大盘鸡、龙虾、烧烤、方便面……都是重油重盐重糖的高热量食品。

暴饮暴食久了,小李开始经常性腹痛、腹泻,有时候还会有恶心、反酸。实在忍受不了了,小李才去看了医生,一查是肠胃炎。医生严肃地说道:"你再这样下去,可能还会出现休克。"然后再三叮嘱她一定要规律作息,饮食清淡,并且要按时过来复诊。

事后小李不无感慨道,那段时间跑医院的次数比她前二十年去的次数加起来还多。

当一个人把全部精力投入工作中,丝毫没有顾忌到自己的身体能不能承受的时候,很容易就会积劳成疾。

人不是机器,不可能没日没夜地运转。何况,即使是机器,也有个停机保养的时间。所以我们对自己的身体也要注意保养,不可过度消耗。

身体是革命的本钱,有一个健康的身体,才有资格去谈生活体验,去谈人生理想。未来生活的美好,不是看你有多少钱,而是看你有多健康,毕竟一旦到了医院,钱就是一张纸,有时候甚至是无用的一张纸。

而且,如果你在工作中倒下了,很快就会有人来代替你,说不定还会比你做得更出色。所以,善待自己吧,拥有健康才能去看更多更美的风景;善待自己吧,身体的零件真的挺贵,关键还不好配。

身为职场打工人,如何做好健康管理,保护我们"革命的本钱"呢?

1.经常深呼吸

有空的时候勤做深呼吸,加强心肺活动,增加肺活量。第一步呼气,保持自然站立,尽量放松的同时用力收腹,慢慢呼出体内的气体;第二步吸气,由鼻子慢慢吸气,控制好时间,大约5秒钟左右;第三步屏气,屏住呼吸5秒左右;第四步吐气,缓慢吐出气体,同时收腹。

2.每周做三次有氧运动

坚持慢跑、游泳、快走等有氧运动,每周三次以上,每次20~30分钟。

3.避开高糖食品

尽可能减少甜食的摄入,如巧克力、甜甜圈等,避开糖超标的菜品,如锅包肉、鱼香肉丝等。糖吃多了,不仅会变胖、长痘,还会上瘾。

4.坚持午睡

坚持每天中午睡一会儿觉,可以保护心脑血管,给大脑充电。

5.一年一次体检

定期体检可以帮助我们更好地了解自己的身体,及时发现身体的异常和隐患,从而提早应对。

"饮食有节,起居有常",只有从点滴做起,保持身心健康,对自己负责,才能更好地应对工作和生活中的各种挑战。

>>>
先活着，总归会有办法

在云南，有一个很有名的"馒头诗人"。

人到中年，"馒头诗人"的公司破产了，负债高达4000多万。破产以后，他发现，连坐公交车、充话费都是一笔不堪重负的开支。

在人生中的那段至暗时刻，他一度想自杀。后来想通了，开始琢磨到底要怎样才能活下来。

他是云南人，很自然地就想到把玫瑰和馒头结合起来的创意。当时还没有人这么做过，他便开了这么一家馒头店。店面很小，只有15平方米，但是生意不错，每天都大排长龙。

一开始店里人手不够，他每天早上四点就要起床发面，五点开始揉面，晚上十点才能关门休息，一整天都要连轴转，其中的辛苦可以想象。

光是卖馒头或许可以活下去，但是无法偿还他欠下的高额债务。于是他在店里不只卖玫瑰馒头，还不断地售卖一些新的小甜点和面食来吸引更多的顾客，还会想办法卖其他云南特产，比如夏天会卖松茸。后续，他还想围绕云南玫瑰等做一些文创产品。他相信，按照现在的情况，如果一切顺利，有生之年是可以还清欠款的。

其实，在开馒头店之前，他也有过很多别的选择，但他觉得做馒头会相对简单一点。破产之后，他再也不想折腾，只想用心做好一件小事，并把这件小事做到极致。

我很喜欢馒头诗人的故事，喜欢这种一次只做一件事的简单和执着，何况还是带着这么大的生存压力在做。在电视剧《琅琊榜》中，夏江曾对梅长苏说："人死了，就什么都没有了。"

是啊，无论遇到什么困难，先活着，其他的再想想办法。人生没有真正的绝境，我们以为"山重水复疑无路"了，可能很快就"柳暗花明又一村"。很多时候，我们认为的绝境，其实不过是人生的一段低谷罢了，眼前的麻烦或许短时间内无法解决，但只要不放弃努力，麻烦早晚有一天会被解决。

遇到人生的低谷，先撑下去再说，别的先不要想，这是最朴素的生存方式，它给人一种很靠谱的感觉，它让人觉得一切都会慢慢好起来。

周末，我去附近一家常去的理发店剪头发，发现他们家又隔了一半的面积出来，写着"招租"，这已经是他们家第二次招租了。

记得几年前刚开业的时候，这家理发店有近200平方米，因为地段好，生意一直很火爆。后来几年经济不景气，基本就全靠老顾客撑着了。

当时老板隔出了将近三分之一的空间租给了卖烧烤的，正是靠着省下来的这点成本撑过了最艰难的几年。这次再隔出一半招租，店里只剩下最开始的三分之一的空间了。

老板边给我吹头发，边平静地对我说："先撑着别倒闭了，别的再说吧。"

这几年，似乎每个行业都有点艰难，于是有些人打招呼的方式甚至出现了这样一种自嘲："还活着呢？挺好挺好。"

有人说，人生的意义不在于怎么活着，因为活着本身就是意义。我们活着就是为了感受生活——不念过去，不惧将来，活在当下，感受当下的美好，就是生命的意义。

先活着，其他的再想办法；先活着，总归会有办法。

工作中，难免会遇到各种各样的难题，面对压力和各种负面情绪，要学会告诉自己：一切都没什么大不了。及时调整好自己的心态，很多问题都能迎刃而解。

1.设立明确合理的目标

设定一个明确的目标，让自己有一个清晰的行动方向，不给自己过多的压力和不切实际的期望，轻装上阵，直达目标。

2.有意识地锻炼和提升抗压能力

积极地对待每一次出现的问题和挑战，把它们看成是一次学习和成长的机会。在面对巨大压力时，学会通过深呼吸或静坐等方式来放松身心。

3.培养幽默感

幽默既是一种情绪的有效释放，也能帮助我们缓解焦虑、紧张、害怕等负面情绪，糟糕的事情通过幽默地自嘲，往往能起到一定积极作用。很多时候，很多事情，其实并没什么大不了的，笑一笑，该翻篇就翻篇。

"每活一天都是一场战斗"的"无腿超人"约翰·库提斯说："100次摔倒,可以101次站起来;1000次摔倒,可以1001次站起来。摔倒多少次没有关系,关键是最后你有没有站起来。"

心中对生命十分珍惜的人,总能在摔倒后,想办法站起来。

只有活下来,才能见证奇迹。